# Modepuppen

# Modepuppen

Maree Tarnowska

Vorwort von Dorothy Coleman
Modenotizen von Madeleine Ginsburg

Laterna magica

Titel der englischen Originalausgabe:
„Fashion Dolls“


Übersetzung: Gerhard Merk

ISBN 3-87467-319-7

Printed in Hongkong.

DANKSAGUNG

Folgenden Personen möchte ich aufrichtig Dank sagen für die großartige Unterstützung, die ich von ihnen bei der Vorbereitung dieses Buches empfing:

In Großbritannien Madeleine Ginsburg, welche die detaillierten Modenotizen beigesteuert hat, die in den Unterschriften zu den Farbtafeln enthalten sind; Jackie Jacobs, die das Unmögliche möglich machte, indem sie mich all jene Puppen aus- und anziehen ließ, die sie mir geliehen hatte; und Elsie Potter aus demselben Grund und weil sie mir eine Rochard-Patentpuppe beschaffte.

In den Vereinigten Staaten Dorothy und Jane Coleman, die beide gleichermaßen kritisch und hilfreich waren und mir mit unschätzbaren Vorschlägen auf den Weg halfen; Stephanie Farago, die für mich auf der Suche nach passendem Material eine Reihe von Reisen machte; Gladys Hillsdorf, die mir in ihrer großartigen Sammlung vollständig freie Hand ließ; Marshall Martin für Informationen über Modepuppen aus seiner Sammlung; John Noble, dem Kurator des Museums der Stadt New York, und seiner charmanten Assistentin Jane, die nicht hilfreicher hätte gewesen sein können; Margaret Whitton, der Kuratorin des Margaret-Woodbury-Strong-Museums, die mich viele Ausstellungsstücke in Ruhe untersuchen ließ; und Richard Wright und Ricky Saxman, die eine einzelne Puppe im Interesse weiterer Untersuchungen sogar einem Transatlantikflug anvertrauten.

In Frankreich dem Kurator des Nationalmuseums von Monaco, wo ich viele schöne Beispiele französischer Modepuppen sehen konnte.

Vor allem jedoch möchte ich Charles Farrow danken, ohne dessen uneingeschränkte und fortwährende Hilfe und Ermutigung dieses Buch gar nicht möglich gewesen wäre.

TITELBILD

*Alles, was man von dieser Ausstattung aus der Zeit um 1885 klar erkennen kann, sind der Hut und der Sonnenschirm. Die komplette Ausstattung besteht aus einem hüftlangen Satinoberteil mit plissierten Schößen, das über einem gefältelten Rock mit einer Schürzendrapierung getragen wird, die aus einer beigen gemusterten Seidenmischung gemacht ist. Der Hut im Stil der 80er Jahre aus Satin mit Lederblumen trägt das Etikett* „Verey's Ltd., Manchester“ *und wurde möglicherweise in den 20er Jahren unseres Jahrhunderts hergestellt. Der Sonnenschirm, der wie die Ausstattung von zirka 1885 stammt, hat einen Glasknopf mit Facettenschliff.*

MARKIERUNG fehlt. GRÖSSE 58 cm. KOPF Kurbelbrustkopf; graublaue Glasaugen; durchstochene Ohren. KÖRPER Ganzleder; keine Zwickel. KÖRPERSTIL N2 (Seite 130).

# INHALT

# VORWORT

Der Begriff „Modepuppe“ wird von vielen Sammlern benutzt, um einen ganz bestimmten Typus zu beschreiben, der ursprünglich seine größte Beliebtheit in den Jahren zwischen 1860 und 1890 genoß. Diese Puppen hatten gewöhnlich Biskuitporzellanköpfe, Perücken und leder- oder stoffbezogene Körper, welche die Figur einer erwachsenen Frau oder eines älteren Mädchens darstellten. Neu gab es diese Puppen manchmal voll bekleidet, gelegentlich mit einem Koffer voller Kleider. Man konnte aber auch unbekleidete Puppen kaufen, die jedoch frisierte Haare und Schmuck hatten, inklusive Ringe in den durchstochenen Ohren. Wenn die Puppe einen Drehkopf hatte, trug sie außerdem ein Perlenband, um die störende Nahtstelle zu verbergen.

Der 1872er Katalog von Bru zeigt Modepuppen, die bis auf ihren Schmuck nackt sind, Puppen in Unterhemden und komplett angezogene. Einige der nackt gekauften Modepuppen wurden mit Stücken bekleidet, die zuhause nach Schnittmustern geschneidert worden waren. Viele der damals veröffentlichten Magazine widmeten sich ausschließlich oder teilweise der Vermittlung von Informationen und Illustrationen über Puppen, deren Kleider und Zubehör. In den frühen 1860ern wurde in Berlin, London und den Vereinigten Staaten „Dolly’s Dressmaker“ herausgegeben. Zur selben Zeit veröffentlichte das „Journal des Demoiselles“ in Paris Schnittmuster für die Kleider einer Dame namens „Miss Lilly“. Der Name wurde später vom Kindermagazin „La Poupée Modèle“ gebraucht, das von derselben Firma herausgegeben wurde und Schnittmuster für Puppenkleider und Zubehör lieferte. Den Namen „La Poupée Modèle“ könnte man mit „Die Modepuppe“ übersetzen. Das Magazin wurde ab 1863 monatlich produziert von Mlle Peronne, deren Laden in der Rue de Choiseul von Paris eben derjenige gewesen sein könnte, der in einem Bericht von der Internationalen Pariser Ausstellung 1867 so beschrieben wurde:

> Bald nach dem Krim-Krieg machte in der Rue de Choiseul ein Puppenladen auf ... Dieser Laden ... war der Vorfahr von wenigstens zweihundert ähnlichen Einrichtungen, die nun (1867) über ganz Paris verstreut sind.
>
> ... Püppchen braucht einen Sonnenschirm, ein Taschentuch, ein Handtäschchen, eine Riechflasche ... einen Koffer mit einem beweglichen Einsatz für sein feines Leinenzeug ... Bürsten mit Elfenbeinrücken, ... und, wenn ihm heiß war, einen Fächer ...
>
> ... schau nur, was Rémond und Huret ... was Simonne ... alle aus Paris, vorweisen müssen an Puppen und Puppentoiletten (sic), Guttaperchapuppen, Wachspuppen, hölzernen Gelenkpuppen, Porzellanpuppen ...

Spätestens ab 1862 hatte William Henry Cremer Jr., der oft Merlin genannt wird, in London einen berühmten Spielzeugladen. Im Dezember 1865 veröffentlichte „The English Woman’s Domestic Magazine“, ein Magazin, das französische Haute Couture pflegte, einen Artikel über die Puppen und deren Zubehör in Cremers Spielzeugladen. Der folgende Auszug bietet ein lebendiges zeitgenössisches Bild der frühen Modepuppen.

> ... wir wurden großzügig eingeführt in die ganzen Wunder und Geheimnisse der Toilette unserer kleinen Dame (sic).
>
> Da gab es Schmuckkästen voller Broschen und Schließen, und Ohrringe und Haarbänder, und Armbänder und Ketten und Halsbänder und Uhren, Gold und Silber und Diamanten und Perlen, Rubine, Smaragde ... und den ganzen Rest, den man vom Steinschneider kennt ... Korsetts und Reifröcke (denn Ihre Puppenhoheit muß mit der Mode gehen) ...
>
> Merlin zeigte uns freundlich die Trousseaux vieler Mini-Damen, die all das enthielten, was eine Dame braucht, und viele von ihnen, was eine Dame sich nur ersehnen kann.

Der Artikel sagt zwar weiterhin: „Püppchen selbst hat ein Gesicht, einen Kopf und Hals aus Wachs, ebenso wie die Glieder, sein Körper ist aus Ziegenleder.“ Aber dennoch wurde eine Puppe mit Biskuitporzellankopf gefunden, die ein Cremer-Papieretikett auf ihrem Ziegenlederkörper trug.

Cremer selbst schrieb 1873 über eine Puppe und ihren Trousseau im Wert von 800 Mark:

> Sie hatte verschiedene Extrakleider, aber die interessantesten waren ein Abendkleid und eine Ballrobe; ... Ihre ganze Unterwäsche war aus feinstem Batist ... Sie gehörte zu jener Klasse ... die ... schon seit über hundert Jahren den Kaiserinnen, Königinnen und Ladies der Mode an den Höfen Europas gezeigt hat, wie man sich kleiden muß ...

Bei solchen Schmuckstücken in Cremers Laden war es kaum verwunderlich, daß er „Merlin" genannt wurde — nach dem Zauberer aus der Arthur-Sage.

Die Dezemberausgabe von „The English Woman's Domestic Magazine" aus dem Jahre 1865 enthielt auch das Bild einer angezogenen „PUPPE A LA WATTEAU nach einer Originalfigur. Eigens entworfen von JULES DAVID und bekleidet durch CREMER JUNIOR." Jules David, ein berühmter Maler und Modeillustrator bei „Le Moniteur de la Mode", einem Magazin, das gegen Ende des 19. Jahrhunderts erschien, zeigte in einigen seiner Modebilder bekleidete Puppen.

Nicht alle Modepuppen trugen ursprünglich hochmodische Kleider. Einige Puppen waren in Kleider gesteckt, welche die Tracht verschiedener Provinzen darstellten, wie auch der Stadt Paris. Keine der Puppen, die in diesem Buch gezeigt werden, trägt regionale Kleider. Die meisten Puppen auf den folgenden Seiten sind jedoch als Damen gekleidet, obwohl einige die Kleidung älterer Mädchen tragen. Beide Arten waren typisch für diese Art von Puppe. Gelegentlich kann man auch Puppen finden, die in ihrer Originaltracht männliche Wesen darstellen. Denn nur die Kleider bestimmten, ob eine Puppe eine erwachsene Frau, ein älteres Mädchen oder ein Mann sein sollte: Derselbe Körpertyp wurde gebraucht, ohne Rücksicht auf das Geschlecht und das Alter, das die Kinder bestimmten.

Trotz der augenscheinlichen Ähnlichkeit der Modepuppen gibt es ausgesprochene Detailunterschiede. Ihre Biskuitporzellanköpfe sind unterschiedlich in der Erscheinung. Teilweise wegen der verschieden geformten Gesichtszüge und teilweise wegen der Variationen in der Bemalung — selten sehen zwei Köpfe genau gleich aus. Von Bru beispielsweise weiß man, daß er mindestens zwei verschiedene Formen für seine Modepuppen benutzt hat, und sogar Puppen aus derselben Form können unterschiedlich aussehen aus Gründen von Veränderungen im rohen Biskuitporzellan, wie während des Brennens. Auch die Variationen in Form und Struktur der Körper sind gewaltig, wie man an den vielen Illustrationen unbekleideter Puppen in diesem Buch ausgezeichnet sehen kann.

Einige der früheren Modepuppen hatten glasierte Porzellanköpfe. Aber als man um 1860 begann, Biskuitporzellanköpfe zu produzieren, waren Modepuppen unter den ersten, die damit ausgestattet wurden. Auch jene Sammler, die sich in den 20er und 40er Jahren dieses Jahrhunderts auf Puppen mit glasierten Porzellanköpfen konzentriert hatten, begannen in den 50er Jahren Puppen mit Biskuitporzellanköpfen zu sammeln. Und ihre erste Wahl waren dabei Modepuppen. Im letzten Viertel des 19. Jahrhunderts begannen Bébés, das sind Puppen, die kleine Kinder darstellen, die Modepuppen zu verdrängen. Und ähnlich verdrängten in den 70er Jahren die antiken Kinderpuppen die Modepuppen im Sammlerinteresse. Nun jedoch, in den späten 80er Jahren, wächst das Interesse an Puppenkleidern, besonders an Kleidern und Zubehör von Modepuppen. Und moderne Sammler stellen fest, daß sie dem Zauber dieser Puppen kaum widerstehen können. Die sorgfältig angezogenen Puppen mit ihren prachtvollen Accessoires scheinen aus einer phantastischen und verblüffenden Wunderwelt zu stammen.

Je mehr die Geschichte der Modepuppen erforscht wird und je mehr wir über die schönen Kleider und Accessoires lernen, desto mehr Menschen entdecken ihre Freude an diesen lieblichen Schätzen der Vergangenheit. Dieses Buch mit seinen hervorragenden Illustrationen wird all jene bezaubern, die sich sowohl für Puppen wie auch für die Mode interessieren.

Dorothy S. Coleman

# EINFÜHRUNG

Antike Puppen sind ein faszinierendes Thema, und wenige Typen haben die Phantasie der Sammler überall so beschäftigt wie die Biskuitporzellankopfpuppen, die in Frankreich und Deutschland zwischen 1860 und 1890 hergestellt wurden. Sammlerneulinge sind sofort begeistert von der einfachen Schönheit dieser Puppen und ihrer Kleider. Aber sobald sie tiefer in das Gebiet eintauchen, entdecken sie, daß die Spannweite und Unterschiedlichkeit in Typus, Stil, Material und Herstellung eine völlig neue Welt des Interesses eröffnen.

Die Attraktivität *aller* Antiquitäten hat in den letzten Jahren zweifelsohne zugenommen, teilweise aus einem stark wiederauflebenden Interesse an Stücken, die Maßstäbe und Werte vergangener Generationen repräsentieren, teilweise auch aus einem Gefühl der Desillusionierung durch die prosaischen und rein nützlichen Produkte unserer eigenen Generation. Es gibt natürlich auch solche, deren Hauptmotiv die niemals endende Suche nach einer „guten Anlage" gewesen ist. Und nirgends wird dies besser illustriert, als in dem steilen Preisanstieg in der Welt der schönen Künste.

Auch die Preise der meisten antiken Puppen, inklusive der Modepuppen, sind steil angestiegen. Aber glücklicherweise war der Anlagenwahn dafür nicht der Hauptgrund. Es war vielmehr die zunehmende Zahl von Sammlern auf der Jagd nach einer gleichbleibenden Anzahl von Puppen, durch welche die Preisspirale ziemlich beständig in die Höhe gedreht wurde. Wenn wir den Wunsch nach Geldinvestition als Hauptgrund für einen solchen Anstieg beiseite legen, müssen wir davon ausgehen, daß allein die innere Schönheit und Attraktivität der antiken Puppen weltweit für deren Wertanstieg verantwortlich ist.

Sammler von Modepuppen kann man in allen Teilen der Welt finden, besonders in Amerika, Europa und Japan. Aber es gibt Sammelbegeisterte auch in solch gegensätzlichen Gegenden wie in der australischen Wildnis oder im südafrikanischen Burenland. Jeder amerikanische Bundesstaat hat seine Puppenklubs, und die meisten von ihnen gehören zu einem Zentralverband — der United Federation of Doll Clubs. In Europa gibt es zwar weniger Vereine, dafür aber wird die sehr große Anzahl von Sammlern durch die Tatsache reflektiert, daß in vielen größeren Städten das ganze Jahr über bei verschiedenen Gelegenheiten sogenannte Puppenmessen abgehalten werden.

Es gibt vielerorts einen Reichtum an Informationen über Modepuppen: alte und neue Veröffentlichungen, Museen, Fabrikunterlagen, Archive in Patentbüros und das Wissen von Sammlerveteranen in aller Welt. Aber, und das macht das Sammeln nur noch aufregender: Keine dieser Informationen ist so exakt und präzise, daß sie nicht durch spätere Entdeckungen, die fortlaufend gemacht werden, in Frage gestellt werden könnte. Da gibt es zum Beispiel immer noch viel Uneinigkeit über die historischen Ursprünge der Modepuppen und ihre Rolle als Kinderspielzeug. Befriedigten sie den Spieltrieb der Kinder und erzogen sie die werdende Frau? Oder reflektierten sie nur die wechselnden Modestile der Generationen?

Nur ein unkluger „Experte" wollte für sich in Anspruch nehmen, ein komplettes Wissen über das ganze Gebiet zu besitzen. Dieses Buch will nicht das letzte Wort über die Modepuppe sein. Es ist vielmehr ein Versuch, etwas von der Faszination dieser Puppen zu vermitteln; dieser bezaubernden Kombination aus einem anziehenden Kinderspielzeug und den exotischen Kleidern, die von der Frau des 19. Jahrhunderts getragen wurden. Sie sind Phantasien en miniature und fesselnde Visionen — wunderbar dargestellt durch die Puppenbilder in diesem Buch. Es bleibt zu hoffen, daß dieses bei den etablierten Sammlern auf Zustimmung stößt, und, das ist genauso wichtig, daß es Neulinge befähigt, die würdigste aller Puppen noch besser zu verstehen und zu schätzen.

# DIE GESCHICHTE DER MODEPUPPE

Puppen gab es schon seit frühesten Zeiten. Der Mensch hat anscheinend immer Abbildungen seiner selbst gemacht, ob aus religiösen oder symbolischen Gründen, als Weihegabe oder als Talisman. Es gab Puppen im alten Ägypten und im alten Griechenland, Puppen an den Höfen der Reichen und Edlen im Mittelalter und — als man im 18. und 19. Jahrhundert die Kinder etwas entspannter erzog — Puppen als Spielzeug für Jungen und Mädchen gleichermaßen.

Auch Modepuppen, im Sinn von Puppen, die speziell zur Vermittlung von Mode geschaffen wurden — *les grands couriers de la mode* —, haben eine lange Geschichte. Sie wurden mehrere Jahrhunderte lang hergestellt, ehe man im späten 19. Jahrhundert auf die Damenpuppen mit Biskuitporzellankopf kam. Aber ehe wir auf die Geschichte allgemein eingehen, muß man erklären, warum diese schönen Puppen Modepuppen genannt wurden.

## Die Definition des Puppennamens

Der Gebrauch des Begriffs „Modepuppe" zur Beschreibung einer Puppe mit Biskuitporzellankopf, produziert zwischen 1860 und 1890, war die Ursache für ausführliche Debatten unter den Sammelbegeisterten. Die Puristen argumentieren, daß der Begriff insofern inkorrekt sei, als er sich nur auf die Bekleidungsart der Puppe beziehen kann — das heißt modisch und in zeitgenössischer Übereinstimmung mit der Puppe. Wenn das so ist, dann kann jede Puppe, außer Babypuppen und *Bébés*, solchermaßen angezogen und zur Modepuppe gemacht werden. Dies ist inakzeptabel — wenigstens für die Puristen.

Zwei andere Begriffe wurden gebraucht, um die Biskuitporzellankopfpuppen zu beschreiben. Der Begriff *Parisienne* fand 1885 Gefallen, als Jumeau eine Puppe mit Biskuitporzellankopf auf einem Lederkörper produzierte, welche die Proportionen einer erwachsenen Frau hatte, und diese *Poupée Parisienne* nannte. Unglücklicherweise benutzten andere französische Hersteller die Schwäche des nationalen Patentrechts und der Warenzeichenregelung dazu, mit demselben Namen andere Puppen eines vollständig verschiedenen Typs zu bezeichnen.

Ein anderer damals benutzer Begriff war „lady doll". Er hatte den Vorteil, daß er eine annehmbare Beschreibung des Körpers vermittelte, ähnlich jenem den Jumeau produzierte. Aber er gab keinen Hinweis auf das Hauptzubehör der Puppe — die Roben und Kleider, ohne die ihre Hauptattraktion erheblich vermindert wäre.

Über die Jahre hinweg wurde viel über die Wörter und Begriffe zur Beschreibung der französischen Biskuitporzellankopfpuppe diskutiert. Und man muß es der United Federation of Doll Clubs (U.F.D.C.) zugute halten, daß sie 1975 den entschlossenen Versuch machte, das Problem zu lösen. Wohl erkennend, daß eine autoritäre Entscheidung, basierend auf den Beratungen eines kleinen auserwählten Komitees nicht auf die Zustimmung der Masse der Sammler treffen würde, griff sie zu einer demokratischeren Methode. Tausende der Betroffenen wurden aufgefordert, ausgefüllte Fragebögen zu diesem Thema zurückzuschicken. Am Ende übernahm man den Begriff „Modetyppuppe". Unzweifelhaft war dies ein Kompromiß, aber einer, den man in Anbetracht der Umstände leicht verstehen kann.

Man hätte erwarten können, daß im Laufe der Zeit ein Name aus allen verfügbaren hervorgetreten und allgemein akzeptiert worden wäre. Aber dies geschah nicht. Heute finden sich Anhänger für alle Anwärter: Modetyppuppe, Lady doll, *Parisienne*, Modepuppe — und es gab kürzlich sogar eine Anregung, den Namen „modische Puppe" zu benützen.

Der Begriff Modetyppuppe ist die Wahl der U.F.D.C. Lady doll ist besser geeignet, die unbekleidete Puppe zu beschreiben. *Parisienne* hat die romantische Anziehung der französischen Puppenahnen. Was kann man also über den letzten ernsten Bewerber sagen, die Modepuppe? Die einfache Antwort heißt, daß sich dieser Begriff in letzter Zeit als der beliebteste etabliert hat, und daher mehr gebraucht wird, als alle anderen. Er wird von allen größeren Händlern und Sammlern benützt, er erscheint in Puppenmagazinen

*Eine unmarkierte Puppe vom Typ Bru mit blauen Glasaugen, gegossenen Ohren, Kurbelbrustkopf aus Biskuitporzellan und Lederkörper. Sie wird auch auf den Seiten 74—75 gezeigt.*

und bei Auktionen. Der Purist mag sich dagegen wenden, aber bei dem allgemeinen Gebrauch kann man das Wort unmöglich ignorieren und es wird deshalb in diesem Buch benützt.

## Die Ursprünge der französischen Modepuppe

Über die Geschichte der Modepuppen wurde eine Menge geschrieben, und es gab insbesondere viele Spekulationen über ihren ursprünglichen Bestimmungszweck. Sollten sie ein Kinderspielzeug sein, oder hatten sie die eher irdische und kommerzielle Aufgabe, Modemachern und Schneidern eine bequeme Art zu bieten, ihre Ware vorzustellen?

Berichte aus dem frühen 14. Jahrhundert belegen unzweifelhaft, daß Proben der letzten Mode, passend drapiert auf lebensechten Figuren, als dreidimensionale Modebilder in andere Regionen und andere Länder geschickt wurden. Aber obwohl diese Praktik, voll angezogene Figuren als Modeproben zu schicken, bis ins späte 18. Jahrhundert gepflegt wurde, war sie hauptsächlich beschränkt auf einen Ideenaustausch zwischen den königlichen Höfen Europas. Denn nur Könige und die sie unterstützenden adeligen Familien waren reich genug, sich solchen Luxus zu leisten.

Die Figuren, an denen solche Roben vorgeführt wurden, waren weder Spielzeuge noch Puppen — beides, nach Definition, Spielsachen für Kinder. Diese Figuren zählten ganz gewiß nicht in diese Kategorie. Sie wurden vielleicht, nachdem sie ihren ursprünglichen Dienst erfüllt hatten, einem Kind zum Spielen gegeben, aber dies ändert nichts. Kinder sind schon immer glücklich gewesen, wenn sie Erwachsenendinge bekamen, und dies macht die Dinge nicht, per se, zu Spielsachen. Einige Wichtigkeit wurde der Tatsache beigemessen, daß im Mittelalter das Wort „Puppe" für frühe Modepuppen gebraucht wurde. Aber vielleicht gab es im Mittelalter kein anderes passendes Wort, oder die Berichte wurden inkorrekt übersetzt.

Der korrekte Begriff für diese Modefigur ist *mannikin* (oder manikin), ein Wort, das vom holländischen manneken kommt. Die frühesten Exemplare, von denen erstmals im Jahre 1396 berichtet wird, wurden aus Holz geschnitzt und waren ziemlich groß, manchmal fast lebensgroß. Es gibt heute noch geschnitzte Holzfiguren, die für diesen Zweck gebraucht worden sein könnten, aber es konnte nicht zweifelsfrei geklärt werden, daß ihre ursprüngliche Aufgabe das Vorführen von Mode war. Zumal die Kleider längst verschwunden sind und es nur ungenügende andere Beweise gibt, die ein sicheres Urteil erlauben würden. Weitere Verwirrung könnte aus der Existenz vollbeweglicher Holzfiguren entstanden sein, die Künstler gebrauchen, um den menschlichen Körper zu simulieren. Diese wurden jahrhundertelang benützt und werden immer noch produziert.

Das Beispiel einer Puppe, die benutzt wurde, um Mode zu vermitteln, könnte schon 1301 aufgetaucht sein. Damals schickte Philipp IV. von Frankreich seiner Tochter Isabella, die im Begriff war den zukünftigen Edward II. von England zu heiraten, eine Figur mit kompletter Garderobe. Da Isabella damals erst elf Jahre alt war, können wir nicht sicher sagen, ob das Geschenk als ein Modeführer gedacht war, oder einfach als ein hübsches Spielzeug. Möglicherweise betrachteten es die Damen des Hofes als das erstere und die zukünftige Königin als das zweite.

Zwei weitere Gelegenheiten sind erwähnenswert, bei denen ähnliche Gaben von französischen Höfen abgeschickt wurden. Im Jahre 1496 sandte Anne von Britannien, Königin von Frankreich, Beispiele der letzten Mode an die spanische Königin Isabella. Diese war alles andere als beeindruckt und schickte die Puppe nach Frankreich zurück, wo sie prompt neu eingekleidet und in größter Eile mit dem nächsten Packpferd wieder nach Spanien expeditiert wurde. Im Jahre 1600 schickte Heinrich IV. von Frankreich seiner Verlobten, Marie de Medici, Proben der gängigen Modestile des französischen Hofes.

Im 17. Jahrhundert war der Gebrauch von *mannikin*-Figuren zur Übermittlung der letzten Mode an den verschiedenen Höfen Europas üblicher geworden. Aber die Praxis erreichte den Höhepunkt ihrer Beliebtheit während des folgenden Jahrhunderts. Die

Schaffung vieler Kleinstaaten, jeder mit einer eigenständigen Aristokratie, und die zunehmenden Möglichkeiten zum Reisen und freien Warenverkehr, boten den Lieferanten der Mode einen größeren Spielraum, ihre Produkte an den Mann zu bringen. Die französischen Modehäuser waren die Hauptbegünstigten, und sie bauten rasch ihren Erfolg aus.

Die Engländer zeigten Interesse am Import von Damenmode, und so begannen regelmäßige Sendungen von angezogenen *mannikins* ihre Reise über den Ärmelkanal. Dieser Verkehr wurde durch den Spanischen Erbfolgekrieg (1701—1714) bedroht, als England und seine Verbündeten gegen Frankreich, Spanien, Bayern und Portugal kämpften. Der freie Handel mit den meisten Waren hörte auf, aber die Kraft und Entschlossenheit der Ladies war so groß, daß Mode-*mannikins* ausdrücklich vom Embargo ausgeschlossen wurden und weiterhin unter den verschiedenen Kriegsnationen zirkulierten — ein wundervolles Beispiel für „die Macht des Petticoats".

Im Jahr 1780 schickte Marie-Antoinette, die Frau Ludwigs XVI. von Frankreich verschiedene nach der letzten Mode gekleidete Figuren an ihre Mutter Maria Theresia, die Kaiserin von Österreich, und ihre Schwestern am österreichischen Hof. Diese Figuren waren von Rose Bertin ausgestattet worden, der königlichen Hofschneiderin. Rose Bertin hinterließ die Beschreibung einer dieser Figuren: „Eine große Puppe mit Federn; ein wohlgeformter Fuß und eine sehr gute Perücke. Ein feines Leinenunterhemd; ein langes, mit Fischbein verstärktes Korsett." Es gibt außerdem eine Liste von der Garderobe der Figur, die Ballroben enthielt und andere Kleider. Als die Französische Revolution ausbrach, emigrierte Rose mit anderen Aristokraten, die entkommen konnten, nach England. Aber die arme Marie-Antoinette hatte weniger Glück und verlor sowohl ihre Krone als auch ihren Kopf.

Trotz des Gebrauchs des Wortes „Puppe" in der Beschreibung von Rose Bertin ist klar, daß die fragliche Figur ein *mannikin* war, sehr wahrscheinlich lebensgroß. Bis zu neunzig Zentimeter große Figuren, die für einen ähnlichen Zweck bestimmt waren, wurden gewöhnlich *Pandoren* genannt. Man findet sie manchmal mit Kopf, Torso und Armen, aber ohne Beine, nur mit einer Lattenstütze von der Hüfte zum Boden. Pandoren scheinen 1642 zum erstenmal erwähnt worden zu sein, und sowohl sie als auch die lebensgroßen *mannikins* wurden weiterhin durch das 17. und 18. Jahrhundert benützt, um die neueste Mode zu vermitteln.

Man weiß, daß Pariser Modehäuser in dem Bestreben, den Verkauf ihrer Waren zu fördern, im 18. Jahrhundert viele angezogene Figuren nach Amerika schickten. Und die Zeitschriften in diesem Land enthielten Anzeigen, die eine ganze Reihe der neuesten in Europa geschaffenen Modekreationen anboten. Interessanterweise war das Wort zur Beschreibung der Figuren, an denen die Kleider gezeigt wurden, fast ausnahmslos *„mannikin"*. Das kann nur die Theorie stützen, daß das Wort „Puppe" nur gelegentlich aus Oberflächlichkeit gebraucht wurde.

Aber die Tage des *mannikin* waren gezählt. Der Beginn der industriellen Revolution des 18. Jahrhunderts und die nun breiter verfügbare Bildung führten zu einem höheren Grad der Belesenheit im allgemeinen, und zu einer zunehmenden Nachfrage nach Zeitschriften, Magazinen und Büchern im besonderen. Die neugeschaffene Mittelklasse stellte einen Markt für jene Luxusartikel, die vorher nur den adeligen Kreisen zugänglich waren. Der neuerworbene Reichtum führte bei den Damen dieser Haushalte rasch zu dem Wunsch, all diese äußerlichen Zeichen ihrer neuen Position im Sozialgefüge auch darzustellen. Und das Gewerbe der *Haute Couture* antwortete mit Kreationen, die in den phantastischen Beispielen des folgenden Jahrhunderts gipfelten.

Verschiedene Mittel wurden benutzt, um die Nachricht zu verbreiten, daß „Kleider Leute machen", oder in diesem Falle Frauen. Und man machte vollen Gebrauch vom Druckgewerbe, im Text wie in der Illustration. Während des 18. Jahrhunderts hatten Modemagazine oft handkolorierte Bilder.

Jumeau, der bedeutende Pariser Puppenhersteller in den Jahren 1842 bis 1899, glaubte sehr an die Macht von Reklame und Werbung und verpaßte selten eine Chance, den Markt für seine Produkte auszuweiten. Das Hauptziel seiner Anzeigen waren die jungen Töchter der reicheren Familien. Und ganz in diesem Bewußtsein warb die Firma für ihre „Mode-Modelle". Diese jungen Mädchen konnten ihre Puppen nun nicht nur nach der neuesten Mode bekleidet bekommen, sie konnten nun auch in regelmäßigen Abständen neue Modelle erwerben. Und, wenn sie schon keine voll bekleidete Puppe kriegen konnten, dann doch wenigstens eine neue Robe nach dem letzten Schrei — und alles aus dem Hause Jumeau.

Es ist bekannt, daß Jumeau Modepuppen nach England, Spanien und Deutschland exportierte, die er als „Modemodelle" anbot, bekleidet nach der allerneuesten *Haute Couture*. Deshalb glauben einige Leute, daß diese besonderen Jumeau-Puppen den Hauptzweck hatten, Modevermittler zu sein. Aber das ist höchst unwahrscheinlich.

Eine andere Art, die neueste Mode vorzustellen, waren Papierpuppen. Sie wurden erstmals während des letzten Viertels des 18. Jahrhunderts in England hergestellt. Ursprünglich waren sie als Kinderspielzeug gedacht: Verschiedene Kleider konnten ausgeschnitten und über das Bild der Puppe gelegt werden. Aber die Franzosen entdeckten rasch die geschäftliche Möglichkeit, mit diesen Puppen die neueste Pariser Mode anzubieten. Prospektive Kunden konnten mit dieser neuen Art Verkaufskatalog ausgestattet werden, der die vorherrschenden Trends illustrierte und gleichzeitig die jungen Familienmitglieder unterhielt.

Dieser Anreiz des Modeinteresses gab einen neuen Anstoß dazu, die gedruckten Materialien zu verbessern und zu vermehren. Und im Jahre 1830 wurden in Paris wenigstens sechs vollbebilderte Modemagazine herausgegeben. Weitere folgten in den nächsten Jahren. Diese Magazine gaben dem Modehandel einen großen Auftrieb, sie läuteten aber auch die Totenglocke für das lebensgroße *mannikin* als Handelszubehör.

Im Jahre 1860 hatte Charles Worth, ein ausgebürgerter Engländer, der in Paris arbeitete, den Einsatz lebender Modelle beim Vorführen seiner Kreationen gefördert. Und diese Übung wurde von den anderen führenden Modehäusern rasch übernommen. (Es ist ziemlich traurig, daß die solchermaßen beschäftigten Frauen „mannequins“ genannt wurden, da die Bedeutung dieses Wortes damals „Schneiderpuppe“ war.)

Der Beginn des Modehauses, in dem Damen nach Belieben die neuesten Kreationen einer zunehmend mächtigen Industrie besichtigen konnten, fiel zusammen mit weitgreifenden Verbesserungen im Verkehrswesen. Das bedeutete, daß auch die reichen Damen aus entfernten Gegenden relativ leicht Paris und die anderen Zentren der *Haute Couture* besuchen konnten. Ihre weniger glücklichen Schwestern, die genauso darauf aus waren, über die neueste Mode und Trends informiert zu bleiben, stützten sich auf das regelmäßige Erscheinen von Modezeitungen und -magazinen.

Es ist bemerkenswert, daß die berühmten Hersteller der französischen Biskuitporzellankopfpuppen in einer Zeit zunehmender Belesenheit und der Veröffentlichung einer wachsenden Zahl von Modejournalen, nämlich in den Jahren zwischen 1860 und 1890, viele ihrer schönsten Stücke produzierten. Erst gegen Ende des Jahrhunderts nahmen Quantität und Qualität dieser Puppen ab.

Der Anstoß zur Herstellung der Modepuppen kam um 1850 mit der Entwicklung des Biskuitporzellans. Dieses doppeltgebrannte aber unglasierte Porzellan, das zwischen den beiden Brenngängen delikat getönt und gefärbt werden konnte, eignete sich perfekt zur Produktion damenhafter Puppenköpfe mit natürlichen Farben. Obwohl sie nicht sofort das glasierte Porzellan oder sogar die Papiermachéköpfe ersetzten, wurden die Biskuitporzellanköpfe so begehrt, daß sich ihre Herstellung in Paris sehr schnell zu einer wichtigen Industrie entwickelte.

Man glaubt, daß die kleineren Biskuitporzellankopfpuppen als Spielzeug gemacht wurden, das den zusätzlichen Zweck hatte, bei der Erziehung von Mädchen und jungen Frauen zu ihren späteren häuslichen Aufgaben zu helfen. Größere Exemplare jedoch, einige über 76 cm, wurden wahrscheinlich gelegentlich gebraucht, um die letzte Mode anzubieten.

Der traditionelle Platz der Frau in der westlichen Kultur war im häuslichen Heim, wo sie für den Ehemann und die Kinder sorgte. Das mag ein bewundernswertes Ideal gewesen sein, aber in der Zeit, mit der wir uns beschäftigen, überstieg die Zahl der Frauen stark die der Männer, und viele waren mit einer unangenehmen Tatsache konfrontiert: Außerhalb der Ehe waren ihre Wahlmöglichkeiten ebenso begrenzt wie demütigend. Fabriken begannen die Landwirtschaft als Hauptarbeitgeber zu ersetzen, aber die Arbeitszeit war lang und der Lohn karg. Einige größere Haushalte boten unter ähnlichen Voraussetzungen und Bedingungen eine Reihe von Arbeitsplätzen. Für wenigstens eine Tochter in jeder Familie eröffnete sich die erschreckende Aufgabe, sich um die alternden Eltern kümmern zu müssen, bis jede Hoffnung auf Ehe und Unabhängigkeit dahin war. Diese Tatsachen übten einen schweren Druck auf junge Mädchen aus, jede mögliche Anstrengung zu unternehmen, um sich einen guten Startplatz im Rennen um die Ehe zu sichern. Wie konnte man dies erreichen?

Charme und Schönheit allein waren nicht genug. Wenn sich die Möchtegernbraut ihrer Zukunft versichern wollte, konnte sie es sich nicht erlauben, eine Gelegenheit zu verpassen, in ihrem sozialen Kreis zu glänzen. Und ihre äußere Erscheinung, die durch Modebewußtsein und das Tragen passender Roben und Accessoires verschönt werden konnte, war ein entscheidendes Element für Erfolg oder Mißerfolg.

Im 19. Jahrhundert schufen äußerst junge Mädchen mit Nadel und Faden wunderschöne Beispiele ihres Geschicks, von denen viele noch heute existieren. Das Ausarbeiten dieser Proben war nicht etwa eine Art Beschäftigungstherapie, sie sollten vielmehr ein Geschick demonstrieren, das diesen Mädchen später bei der Arbeitssuche behilflich sein konnte. Und zwar in jenen Kreisen, in denen dies gewürdigt wurde, einschließlich der Haushalte von Familien der Oberklasse. Die verwöhnteren Töchter der Oberklassenfamilien eigneten sich ähnliche Fähigkeiten an, aber aus einem ehrgeizigeren Grund — nämlich als Vorbereitung für ihren Eintritt in den Heiratsmarkt.

Für diesen Zweck konnte jede Art von Puppe benutzt werden. Aber die Form des Modepuppenkörpers gab den Kindern eine Möglichkeit, die Puppe mit exakten Repliken der Erwachsenenmode zu bekleiden, etwas, was man mit dem mannikin, das ja kein Spielzeug war, niemals gemacht hatte. Das erklärt sicher teilweise, warum viele schöne Beispiele der Modepuppe in der zweiten Hälfte des 19. Jahrhunderts produziert und gekauft wurden.

Die ursprüngliche Aufgabe dieser besonderen Puppe mag es wohl gewesen sein, die kindlichen Hände und Gemüter mit einem weiteren Spielzeug zu unterhalten. Aber vielleicht ist es kein Zufall, daß diese Puppen gerade zu einem Zeitpunkt besonders beliebt wurden, als die Frauen stark dem rigorosen Diktat von Stil und Mode unterworfen wurden. In dieser Atmosphäre war es kaum verwunderlich, wenn das Spielzeug der Tochter auch als Mittel diente, ihr Interesse zu erwecken und sie in einer der wichtigsten gesellschaftlichen Fähigkeiten auszubilden. Mit Unterstützung der vielen Frauen, die einen damaligen Haushalt ausmachten, und unter Verwendung des üppigen Vorrats seinerzeit verfügbarer Materialien konnte das Mädchen exquisite Kopien der modischen Roben ihrer Mutter entwerfen, ausschneiden und nähen. Viele Spielzeuge aus dieser Zeit hatten einen erzieherischen Aspekt, und speziell die Modepuppen müssen einen sehr wichtigen Platz gehabt haben. Man darf wohl annehmen, daß dies oft ein positiver Faktor in der Entscheidung war, einem jungen Mädchen diese besondere Puppe zu schenken.

## Französische Modepuppen und die deutsche Herausforderung

Französische Werkstätten produzierten als erste in Europa Biskuitporzellankopfpuppen in größerem Umfang. Große und kleine Firmen wurden gegründet, um der neuen Nachfrage gerecht zu werden. Die meisten der kleineren Puppenhersteller sind heute bekannt. Und ausführliche Nachforschungen, viele davon durch Experten aus den Vereinigten Staaten, haben nur wenige Lücken im Wissen über die größeren Hersteller übrig gelassen. Aber es gibt immer noch Zweifel über das Ausmaß des „Kreuzhandels“, der zwischen den verschiedenen Märkten stattfand.

Im Jahre 1873 eröffnete Jumeau in Montreuil-sous-Bois bei Paris eine neue Fabrik. Ein offizieller Bericht, der später im Jahr veröffentlicht wurde, hielt fest, daß „die Fabrik (in Montreuil) Puppenköpfe von größter Perfektion herstellt, die in Schönheit sogar die Produkte übertreffen, die früher aus Sachsen gekauft wurden. Er (Jumeau) hat uns befreit von unseren früheren Verpflichtungen, daß Ausländer uns mit Porzellanpuppenköpfen beliefern mußten.“

Der Hinweis in diesem letzten Satz ist interessant. Er zeigt, daß Jumeau zuvor gezwungen war, einige Teile zum Zusammenbau vollständiger Puppen zu kaufen. Es wurde sogar vermutet, daß Jumeau vor 1873 keine Köpfe aus Biskuitporzellan produziert hat, sondern nur solche aus glasiertem Porzellan. Wenn das stimmt, würde das heißen, daß Biskuitporzellanköpfe aus einer anderen Quelle gekommen sein müssen, möglicherweise aus Sachsen.

Viele andere französische Puppenmacher und Puppenhändler führten ihr Geschäft auf ähnlicher Grundlage, und die kleinsten, von denen es Hunderte gab, kauften zweifelsohne in großem Umfang bei auswärtigen Quellen. Es war durchaus noch in ihrem Rahmen, die Körper zu produzieren, aber die Ausrüstung, das Geschick und die Kosten zur Produktion von Biskuitporzellanköpfen und die damit verbundene professionelle Malerei müssen es ihnen schwergemacht haben, der Versuchung des Ankaufs zu widerstehen.

Das Haus Jumeau muß, zusammen mit anderen, von dieser Situation profitiert haben. Das Adressbuch der Pariser Handelskammer vom Jahre 1881 hält fest, daß die Firma „Lieferant der führenden Pariser Neuigkeitenläden und Spezialist in der Herstellung von Biskuitporzellanköpfen“ war. Und die Tatsache, daß Jumeau-artige Köpfe auf Körpern von Lacmann

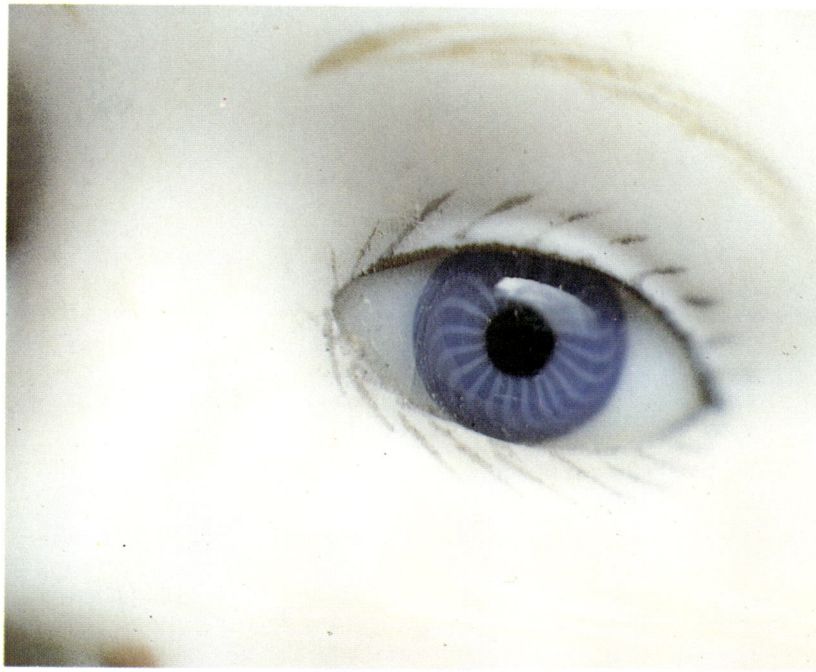

Man glaubt, daß die ersten speziell für Puppen gefertigten Glasaugen in England gemacht wurden, aber die französischen und deutschen Hersteller vervollständigten die Technik. Ende des 19. Jahrhunderts wurden etwa drei Viertel dieser Augen in Deutschland hergestellt, aber die Franzosen produzierten die schönsten Stücke — die Paperweight-Augen, die so genannt wurden, weil sie in ihrer Erscheinung und Tiefe wie gläserne Paperweights waren.

Es gibt viele Erklärungen darüber, was zur Herstellung dieser Augen gehörte. Aber unglücklicherweise wurden die meisten von Journalisten geschrieben, denen es mehr um dramatische Zufälle zu tun war als um technische Details. Zweifelsohne jedoch war es ein anspruchsvolles Handwerk. Ein Neuling unter den Augenmachern produzierte gewöhnlich ein Jahr lang oder mehr, ehe passable Augen herauskamen. Bis dahin wurde das meiste nur für billigere Puppen gebraucht.

Ein Augenmacher mußte unbedingt eine perfekte Sehkraft und eine sichere Hand haben. Das erklärt, warum das Handwerk fast ausschließlich von jungen Frauen ausgeführt wurde, die über die nötigen körperlichen Voraussetzungen verfügten. Außerdem waren sie billigere Arbeitskräfte.

Nach einigen Berichten wurde die Arbeit in völliger Dunkelheit durchgeführt. Obwohl dafür keine schlüssigen Gründe angegeben werden, darf man annehmen, daß die Dunkelheit dem Augenmacher erlaubte, sich ganz auf seine Arbeit zu konzentrieren, wobei die einzige Lichtquelle ein hell leuchtender Gasbrenner war. Wie sehr die Augen bei der Arbeit unter solchen Bedingungen ermüdeten, kann man sich leicht vorstellen.

Ein Augenmacher benutzte farbige Glasstäbe von verschiedener Stärke und einen Gasbrenner, mit dem diese erhitzt und bearbeitet werden konnten. Die Stärke der Hitze konnte variiert werden, indem das Verhältnis von Gas und Luft verändert wurde. Und da der Augenmacher zwei freie Hände brauchte, wurde die Steuerung des Gasbrenners oft mit Fußpedalen bedient.

Zuerst blies der Augenmacher aus einer Röhre aus weißem Milchglas einen Augapfel von der gewünschten Größe. Dann erhitzte er einen schmalen Stab farbigen Glases — normalerweise blau oder braun, aber gelegentlich auch violett oder haselnußfarben — bis zum Schmelzpunkt und legte einen Kreis auf die Oberfläche des Augapfels, der die Iris darstellte. Anschließend wurde ein weiterer Glasstab, gewöhnlich ein schwarzer, erhitzt und als Pupille im Zentrum der Iris angebracht, während eine feine Linie aus dieser oder einer anderen Farbe außen rund um die Iris gelegt wurde.

Die letzten Etappen erforderten die größte Geschicklichkeit überhaupt. Ein außerordentlich feiner Stab aus weißem Glas wurde in der Flamme ausgezogen und in vielen winzigen Linien zwischen die Pupille und den äußeren Rand der Iris gelegt, um dem Auge einen lebensechteren Ausdruck zu geben. Zuletzt wurden Pupille und Iris manchmal mit einer Lage aus geschmolzenem Kristallglas bedeckt, das noch zusätzlich den Augenausdruck verschönerte.

Es gab natürlich viele Variationen der obigen Methode, und der Hauptteil eines „fixierten" Auges wurde oft dadurch produziert, daß man geschmolzenes Glas in eine Form goß. Aber selbst dann wurde das farbige Glas immer noch in der oben beschriebenen Weise angebracht.

Ein geschickter Augenmacher konnte wunderschöne Stücke produzieren. Aber er mochte noch so geübt und begabt sein — ein perfekt zusammenpassendes Augenpaar nach Auftrag zu machen, war ihm fast unmöglich. Deshalb mußten viele Augen sortiert und geprüft werden, um jeweils zwei bestmöglich zusammenzupassen. Einige Augen hatten winzige Risse, die während dem Erhitzen und Abkühlen auftraten. Aber damals war das nicht Grund genug, sie auszusortieren. Das haben viele der heutigen Puppensammler übersehen. Sie nahmen an, daß geringfügig unterschiedliche Augen ein Beweis dafür seien, daß eines der beiden ausgetauscht wurde, und daß jeder andere Augenmangel das Ergebnis einer nachträglichen Beschädigung sei. Es ist traurig, daß diese falschen Vermutungen gelegentlich zum Auswechseln von Originalaugen geführt haben.

Das oben gezeigte Auge ist von einer Puppe, die einen Simonne-Stempel auf der Brust hat. Die Puppe hat Arme aus Biskuitporzellan, einen Lederkörper mit Zwickeln an Hüften und Knien und einen Kurbelbrustkopf.

gefunden wurden, der in Cincinnati, U.S.A., ein Puppengeschäft hatte, schließt die Möglichkeit nicht völlig aus, daß Jumeau unfertige Köpfe in die Vereinigten Staaten exportierte.

Heutzutage jedoch glaubt man, daß eine beträchtliche Anzahl französischer Puppen Köpfe tragen, die in Deutschland hergestellt wurden. Dies trotz der Tatsache, daß die Franzosen in der Puppenproduktion großen Stils führend in der Welt waren, und daß, neben einem ungesättigten heimischen Markt für die Produkte der vielen Fabriken in und um Paris, der Rest von Europa und Amerika auf der Suche nach ständigen Lieferungen von Puppen aller Art nach Frankreich blickte. Es ist möglich, daß der bloße Druck dieser Anforderung schließlich die Vorherrschaft der Franzosen in der Puppenindustrie untergrub.

Wie viele andere Hersteller von glasierten Porzellan- und Biskuitporzellankopfpuppen begannen zwei der führenden Namen auf dem deutschen Markt, Simon & Halbig und Armand Marseille, als Porzellanproduzenten. Und beide gründeten um 1865 Fabriken — Armand Marseille in Köppelsdorf und Simon & Halbig in Gräfenhain. Nicht vor 1892 jedoch erwähnen deutsche Berichte Armand Marseille als Hersteller von Porzellanpuppenköpfen. Wenn die Firma, was fast sicher der Fall war, schon vorher solche Köpfe produzierte, dann allenfalls als Subunternehmer des Handels. Keine fortschrittliche Herstellerfirma wird jemals zufrieden sein, auf ewig von dieser Art Geschäft abhängig zu sein, besonders, wenn abzusehen ist, daß die Nachfrage für fertige Produkte international zunimmt.

Als die deutschen Puppenhersteller in den 80er Jahren des vorigen Jahrhunderts in den Markt einstiegen, taten sie es mit typisch deutscher Organisation und Gründlichkeit. Bald produzierten große Fabriken und ihr Ausstoß schwoll zu einem Sturzbach an. Das erste Ergebnis war gar nicht anders zu erwarten: Die neuen Exporte unterliefen die Preise der länger etablierten Hersteller.

Für eine beträchtliche Zeitspanne konnten die Franzosen mit ihrer langen Erfahrung in der Industrie und der besseren Qualität ihrer Produkte im Wettbewerb bestehen. Aber gegen Ende des Jahrhunderts bedrohten deutsche Hersteller direkt das künftige Gedeihen der größeren französischen Gesellschaften. Eine Reihe von ihnen entschloß sich, ein Konsortium zur Produktion und Vermarktung von Puppen zu gründen. Dies war die Société Française de Fabrication de Bébés et Jouets (S.F.B.J.). Auf eine Art war dies das Vorzeichen für das Ende der französischen Dominanz in diesem Gewerbezweig. Fallende Preise und Gewinne führten zu einem erkennbaren Rückgang in der Qualität der Puppen, und die Arbeit von Firmen wie Jumeau und Bru litt entsprechend. Vielleicht war dies ihr Schicksal von Anfang an, aber der Einbruch deutscher Konkurrenz hat dieses Ende ganz bestimmt beschleunigt.

Glücklicherweise zeigte es sich, daß die französische Modepuppe, die sich ja von den üblichen französischen Puppen abhob, dem Druck ausländischer Konkurrenz erfolgreicher standhielt. Die *Haute Couture*, ein grundlegender Teil der Gesamtattraktion der Puppe, war ein vornehmlich französisches Talent. Und allein diese Tatsache hinderte die deutschen Konkurrenten daran, auf diesem Gebiet wirkliche Fortschritte zu machen.

## Die Garderobe der französischen Modepuppe

Sowohl die Hersteller wie auch die Endverkäufer waren immer darauf vorbereitet, die Puppen mit oder ohne Kleider zu liefern. Und da die kleine Reproduktion einer exotischen Robe manchmal mehr als die Puppe kostete, kann man leicht verstehen, warum die unbekleidete Version beliebt war. Eine Anzahl unbekleideter Puppen wird wohl von der *Haute Couture* ausgestattet worden sein, im Auftrag eines wohlhabenden Klienten als Geschenk für eine verwöhnte Tochter. Aber die meisten wurden wahrscheinlich der einen oder anderen Frau im Haus des Kindes anvertraut, um von ihr mit dem damals üblichen handwerklichen Geschick passend bekleidet zu werden. Wenn das Kind natürlich alt genug war, bekam es die alleinige Verantwortung für die erforderliche Arbeit als Teil der Erziehung.

Angezogene Puppen reflektierten gewöhnlich das allerneueste in der Pariser Mode, einschließlich der vielfältigen Unterwäsche, die ein Ausdruck der Zeit war (siehe Seiten 138 bis 139). Und keine selbstbewußte Puppe hätte ihre Garderobe als komplett betrachtet ohne die Vielzahl der damals verfügbaren Accessoires — Hüte, Handschuhe, Handtaschen und Beutel, Fächer, Muffs, Lorgnette oder Gürtelkette. Darüberhinaus konnte man kleine Koffer für die Puppe kaufen, die all das und andere Stücke enthielten. Heute sind dies teure Sammlerstücke. Viele Puppen passen selbst nicht in die Truhe, da diese damals nur als Behälter für Puppenaccessoires gekauft worden war.

Da die Modepuppe normalerweise in der besten gängigen Mode gekleidet war, möchte man annehmen, daß sie am leichtesten nach ihrem Kleid zu datieren wäre. Aber in Wirklichkeit ist dies nicht so einfach. Nur wenn eine komplett dokumentierte Geschichte der Puppe existiert, von dem Augenblick an, wo sie in die Hände ihres ersten Besitzers kam, kann man sicher sein, daß das Kleid „original" ist. Überraschenderweise gibt es solche Beispiele, die nicht nur durch geschriebene Berichte, sondern manchmal sogar durch photographische Beweise gesichert sind. Aber ob ein Kleid „ganz original" ist, kann man oft nicht unzweifelhaft feststellen, und die Tatsache, daß die Puppe selbst über 125 Jahre alt sein könnte, vergrößert die Schwierigkeit. Es ist möglich, daß die Puppe während der zweiten Hälfte des 19. Jahrhunderts, als sich die Moden rasch veränderten, von ihrem ursprünglichen Besitzer angezogen und umgezogen, an Tochter oder Enkeltochter weitergereicht und von diesen einer Modernisierung ihrer Kleidung unterzogen worden ist. Einige der schönen Roben, die man an diesen Puppen findet, können sehr wohl dreißig oder mehr Jahre nach der Puppe selbst gemacht worden sein. Die Bezeichnung „original aus der Epoche" wird deshalb gebraucht, um Kleider zu beschreiben, die ziemlich genau mit dem Alter der Puppe übereinstimmen, für die jedoch kein Firmenbeleg existiert.

Beim Versuch, das Alter eines Kleides festzustellen, und ob dieses mit dem der Puppe übereinstimmt, ist es beim Fehlen dokumentarischer Belege nur möglich, die augenscheinlichen Beweise zu untersuchen. Scheint *alles* Material echt antik zu sein, so wie es damals verfügbar war? Zeigt es Zeichen normaler Alterung? Man sollte sich daran erinnern, daß solche Kleider ständig von kleinen Fingern arrangiert und umarrangiert wurden. Und selbst wenn die körperliche Berührung minimal gehalten worden war, könnten zu starker Einfluß von Sonnenlicht oder ausgedehntes Lagern in Kästen und Schränken den Stoff verdorben haben. Außerdem wäre in früheren Zeiten ein verschmutztes Kleid sofort durch ein neues ersetzt worden. Glücklicherweise akzeptieren heutzutage immer mehr erfahrene Sammler gern gewisse Zeichen von Abnutzung, vorausgesetzt es handelt sich um ein echtes zeitgenössisches Kleidungsstück. Ein solches Kleid müßte schon fast auseinanderfallen, ehe die Puppe guten Gewissens neu eingekleidet werden könnte.

Es ist ein allgemeiner Trugschluß, daß alle Kleider aus dieser Zeit mit feiner Handnaht gemacht sein müssen. In der zweiten Hälfte des 19. Jahrhunderts wurde die Nähmaschine immer gebräuchlicher und sogar Teile ganz besonders teurer Roben zeigen Zeichen von Maschinennaht. Handarbeit ist natürlich häufiger und reicht von vergleichsweise großen Laufnähten bis zu so feinen Stichen, daß man sie nur mit einem Vergrößerungsglas richtig sehen kann. Billigere Kleider und solche, die von Kindern gemacht wurden, zeigen am häufigsten Laufnähte, während die von professionellen Näherinnen gemachten eine Vielfalt von Stichen aufweisen. Sogar die Unterwäsche wurde oft kunstvoll verziert mit Spitzen, Stickerei und feinen Stichen.

Zwischen 1860 und 1890 waren viele der billigeren Roben maschinell hergestellt und einfach in Erscheinung. Die üblichsten Materialien waren dabei Baumwolle, Butter-Musselin, Organdy und Nonnenschleier (eine feine Wolle). In den mehr exotischen Stücken, die von professionellen Näherinnen produziert wurden, wurde mehr Seide, Satin und Spitzen gebraucht, zusammen mit künstlichen Blumen, Miniaturschmuck und anderen Verzierungen.

Sobald festgestellt ist, daß die Kleider aufgrund ihrer körperlichen Erscheinung ein Jahrhundert oder älter sein könnten, muß man das Alter der Robe mit dem der Puppe selbst vergleichen. Wenn das Alter der Puppe mit einer gewissen Sicherheit bestimmt werden kann, darf man annehmen, daß die Mode der getragenen Robe, sofern sie komplett original ist, mit dieser Periode korrespondiert. Die Moden des 19. Jahrhunderts waren gewöhnlich sehr übertrieben und änderten sich in vergleichsweise kurzen Abständen. Wenn also die Modeperiode nicht mit dem Puppenalter korrespondiert, ist es ziemlich sicher, daß das Kleid aus einer anderen Periode als dem ersten Einkleidungsdatum der Puppe stammt und somit kein Originalkleid ist.

Letzten Endes ist es fast unmöglich, vollständig unfehlbare Richtlinien für das sofortige Erkennen einer ursprünglichen Robe zu erstellen. Aber die bereits genannten Faktoren werden schließlich, zusammen mit ständiger und fortgesetzter Prüfung, zu jener undefinierbaren Fähigkeit führen, mit der man die Authentizität und Qualität einer Modepuppe beurteilen und bewerten kann.

*Zum Blumenschneiden an einem heiteren Morgen trägt die Puppe links ein gestreiftes Baumwollkleid, hergestellt Ende des 19. Jahrhunderts. Diese Mode wurde in der Zeit um 1830 getragen. Das mit Borten besetzte Kleid hat üppige Puffärmel, einen gerafften Rock und eine Schleife in der Taille. Die dazu passende Latzschürze ist mit Zickzackborte eingefaßt. Der Seidenhut und der mit Vergißmeinnicht bemalte Fächer aus elfenbeinartigem Material stammen aus dem ersten Jahrzehnt des 20. Jahrhunderts.*

*Die Puppe rechts trägt ein Hauskleid von zirka 1868 aus bedruckter Baumwolle mit Lochstickereibesatz. Ihre Ausstattung besteht aus einer vorne glatten und hinten auf Taille geschnittenen, innen durch Bänder aufgebauschten Jacke. Der passende Rock ist hinten, wo er dicht gefältelt ist und durch eine zusammenklappbare Drahtturnüre aus den 80er Jahren gestützt wird, voluminöser. Der breitkrempige Hut besteht aus silbergrauem Strohgeflecht, verziert mit Spitzen und Vergißmeinnicht.*

*Auf dem Blumenkorb liegt ein Sonnenschirm aus den 60er oder 70er Jahren mit gedrechseltem Elfenbeingriff. Mit dem Ring an der Spitze konnte man ihn in geschlossenem Zustand nach unten halten. Die Handschuhe aus gewirkter Seide stammen aus dem späten 19. Jahrhundert.*

LINKE PUPPE
MARKIERUNG Gravierung *B. S.* auf der Brustplatte. GRÖSSE 55 cm. DATUM zirka 1860. KOPF Kurbelbrustkopf; blaue Glasaugen (wie bei der frühen Steiner). KÖRPER Ganzleder mit Zwickeln an Ellbogen, Hüften und Knien.
KÖRPERSTIL A3 (Seite 124).

RECHTE PUPPE
MARKIERUNG fehlt; Jumeau zugeschrieben. GRÖSSE 55 cm.
KOPF Kurbelbrustkopf; blaue Glasaugen. KÖRPER Ganzleder mit Zwickeln an Ellbogen, Hüften und Knien; einzeln abgenähte Zehen.
KÖRPERSTIL E1 (Seite 126).

# FRANZÖSISCHE MODEPUPPEN VON 1860 BIS 1890

Die in diesem Buch gezeigten französischen Modepuppen rangieren von bekannteren Exemplaren bis zu sehr seltenen. Diese Puppen werden auf den folgenden Seiten detailliert beschrieben. Aber es ist auch wert, über die Details einiger anderer Modepuppentypen zu berichten, die nicht gezeigt werden, sowie über einige der wichtigeren internationalen Sammlungen, wo man sie sehen kann.

Das Margaret-Woodbury-Strong-Museum in Rochester, New York, ist eine wahre Fundgrube für alle, die an Kinderspielsachen interessiert sind, und Modepuppen bilden einen wichtigen Teil der Ausstellungen. (Interessanterweise wird diese Abteilung unter dem Titel *Parisienne* geführt.) Von besonderer Bedeutung sind eine gemarkte Huret mit Guttaperchakörper und Biskuitporzellanhänden und eine gemarkte Rohmer mit Biskuitporzellankopf und Intaglio-Augen auf einem beweglichen Holzkörper mit drehbarer Hüfte und Metallhänden. Außerdem gibt es da eine ausgezeichnete Steiner, gemarkt mit einem eingekerbten C, mit Hebelaugen, montiert auf einen Lederkörper. Steiner stellte außerdem Damenpuppenkörper aus „aufgeblasenem Ziegenleder" her.

Interessant sind auch zwei Rochard-Patentmodepuppen, die im Museum gezeigt werden, und die Kopie der Patentpapiere, von denen ein Teil auf der gegenüberliegenden Seite gezeigt wird. Dieses *Brevet d'Invention,* datiert in Paris am 27. März 1867, ist für ein Verfahren, durch das Mini-„Juwelen" in Form eines Halsbandes in Hals und Brustplatte von Puppen eingesetzt werden konnten. Der offizielle Bericht spricht von einem Kaleidoskop, aber es ging nicht nur um die hübschen Farben: Wenn man durch ein Loch in der Schulterplatte schaute, konnte man wunderbar detaillierte Szenen und menschliche Figuren sehen, die von den winzigen Oberflächen der Juwelen reproduziert wurden. (Ein weiteres Beispiel dieser Puppe ist in dem Besitz von Elsie Potter in England. Es wird auf den Seiten 102—103 gezeigt. Im Innern des Kopfes befindet sich der Schriftzug *Rochard Breveté* Déposé.) Das Museum besitzt außerdem das interessante Exemplar einer Puppe vom Typ Josef Kubelka. Dieser österreichische Herr erwarb im Jahre 1884 das Patent für ein Verfahren, bei dem in einen Hohlraum oben am Kopf der Puppe Wachs gegossen wurde, in dem man dann Haare befestigen konnte.

Die Gladys-Hillsdorf-Sammlung in den Vereinigten Staaten besitzt zwei sehr interessante gemarkte Huret-Modepuppen. Man sagt, daß sie ursprünglich bei einem Bankett in Paris im Jahre 1860 einem wichtigen Gast als „Tischgeschenk" überreicht wurde. Eine der Puppen trägt die Inschrift „Marie de Provence" und die andere „Denise de Bourgogne" — beide Damen waren berühmte Kurtisanen dieser Zeit. Es könnte wohl sein, daß diese beiden „Porträtpuppen" Teil einer Serie waren, die Huret angeblich produziert hat. Beide Puppen haben Biskuitporzellanköpfe mit einem geraden Einbindekopf und braungemalten Augen. Aber während Marie einen beweglichen Ganzholzkörper hat, ist Denise mit einem beweglichen Holzkörper und Biskuitporzellanhänden ausgestattet. Eine andere interessante Modepuppe in dieser Kollektion ist mit *Bru Jne & Cie No 2* gemarkt, und es gibt zwei schöne Exemplare der Rochard-Patentpuppe.

Das Museum of the City of New York enthält ein breites Sortiment von Antiquitäten aller Art. Die Abteilung für Puppen und Spielsachen zeigt ihren Besitz mit viel Kunstsinn und Phantasie, obwohl sie nicht so groß ist wie in anderen Museen. Kurator John Noble sorgte für eine interessante Information: Er entdeckte in einem anderen Teil des Museums Roben des Pariser Hauses Worth in Erwachsenengröße, deren Stoffe identisch mit denen von Modepuppen in der Puppenabteilung waren. Sowohl die großen wie die kleinen Roben sind im selben Stil gemacht, und es scheint höchstwahrscheinlich, daß die verschieden großen Kleidungsstücke zur selben Zeit hergestellt worden sind. Man kann nicht mit Sicherheit sagen, wie es dazu kam. Ein Geschenk vielleicht von Worth an die Tochter eines wichtigen Kunden? Oder wurden die Puppenkleider etwa von der Familie aus übriggebliebenem Material gemacht? Oder gab Worth unbrauchbares Material an einen Pariser Schneider, der auf Puppenkleider spezialisiert war?

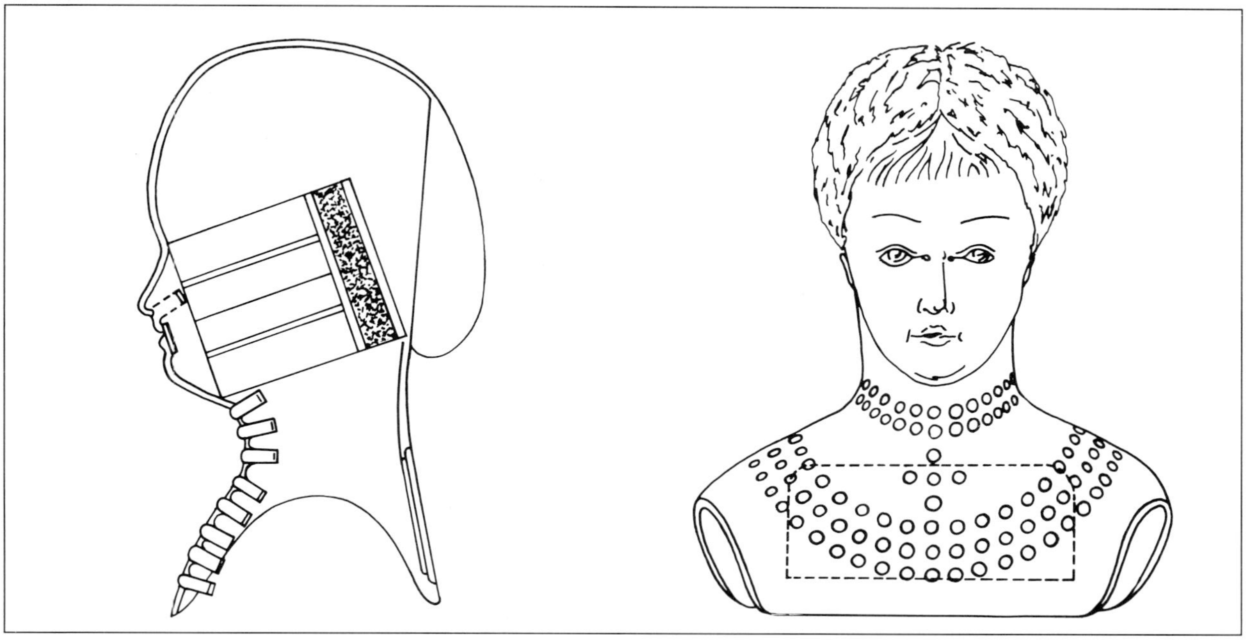

Das Museum hat weit mehr Stücke, als es je gleichzeitig ausstellen kann. Deshalb ist es üblich, die Exponate alle neun oder zwölf Monate auszutauschen, so daß der wiederkehrende Besucher zu seinem Vergnügen immer wieder eine neue Ausstellung vorfinden kann.

Technische Informationen über jede der gezeigten Puppen — Höhe, Markierung, Körpermaterial und so weiter — werden am Ende jeder Bildunterschrift gegeben. In diese Details jeder Puppe ist ein Körperstilcode — beispielsweise M 3 — eingeschlossen, der es erlaubt, die angezogene Puppe mit einer der nicht angezogenen auf den Seiten 124—132 zu vergleichen. Die Körperstilcodes beziehen sich nur auf den Puppenkörper — Material, Zwickel, Gelenke und so weiter. Sie beziehen sich nicht auf die Puppenköpfe, und die Köpfe auf den unbekleideten Puppen sind nicht zwangsläufig von demselben Stil oder Typ wie die Köpfe auf den angezogenen Puppen, obwohl jedoch der Körperstil identisch ist.

Auch die folgenden Punkte sollte man im Kopf haben, wenn man die Bildunterschriften studiert:

— Der Hersteller einer Puppe wird nur dann definitiv genannt, wenn die Puppe voll gemarkt ist. Der Begriff „zugeschrieben" bei der Beschreibung einer Puppe bedeutet, daß sie in jeder Beziehung außer der Größe mit anderen, voll gemarkten Beispielen identisch ist. Und daß sie nach Meinung des Autors das Produkt dieses Herstellers ist. Das Wort „Typ" deutet an, daß die Puppe anderen, voll gemarkten Beispielen sehr ähnlich ist.

— Die Mehrheit der gezeigten Modepuppen hat weder eingravierte noch aufgedruckte Markierungen. Solche Markierungen wurden erst gegen Ende des 19. Jahrhunderts gebräuchlich.

— Nur besondere Umstände erlauben es, das Alter einer Puppe präzise festzustellen. Die gezeigten Puppen wurden fast ausschließlich in den Jahren zwischen 1865 und 1885 hergestellt. Einige könnten diese Periode nach oben und unten um fünf Jahre überschreiten.

— Die folgenden Typen von Körpergelenken werden in den Bildunterschriften angesprochen und in den Bildern der unbekleideten Puppen gezeigt. Mit Kugelgelenk wird ein Gelenk beschrieben, das entsteht, wenn man das halbkugelförmige Ende eines Körpergliedes in die Pfanne eines anderen einfügt. Wenn das Gelenk aus zwei flachen Oberflächen hergestellt wird, die aneinanderliegen, wird dieses als *Flanschgelenk* bezeichnet. Bei den *Zapfengelenken* gibt es viele Variationen in Stil und Typ, aber der Begriff wird hier für solche Gelenke gebraucht, die eher das traditionelle Zapfenlochgelenk darstellen.

— Für die Befestigung von Puppenköpfen gibt es drei Arten. Wenn ein halbkugelförmiger Hals in der Pfanne einer Brustplatte steckt, so daß sich der Kopf sowohl seitlich als auch vertikal bewegen läßt, spricht man von einem *Kurbelbrustkopf.* Mit dem Begriff *Einbindekopf oder Ringhalskopf* bezeichnet man ein flaches Gelenk, das nur seitliche Kopfbewegungen erlaubt. Es ist eine frühere Version des Kurbelbrustkopfes und wurde von Rohmer im Jahre 1858 patentiert. Wenn es zwischen Kopf und Brustplatte kein Gelenk gibt, nennt man dies einen *Brustblattkopf.* Obwohl Puppen mit unbeweglichen Hälsen seltener sind, als solche mit Kurbelbrustköpfen, sind sie bei den Sammlern weniger beliebt. Huret hat sich angeblich im Jahre 1861 einen Kurbelbrustkopf patentieren lassen. Aber der unbewegliche Typ wurde auch nach diesem Datum noch weiter benützt, vermutlich weil er billiger herzustellen war.

— Mit Ausnahme einer Porzellankopfpuppe (glasiertes Porzellan, siehe Seiten 106—107) und einem direkt auf einen Metallkörper montierten Biskuitporzellankopf (siehe Seite 94—95) haben alle abgebildeten Puppen Köpfe und Brustplatten aus Biskuitporzellan (unglasiertem Porzellan).

— Viele verschiedene Materialien wurden benutzt, um die Körper von Lederpuppen auszustopfen, wie Pferdehaar, Kork- oder Sägemehl. Bei weitem das üblichste und auch schwerste war Sägemehl.

Die Modepuppen, die auf den folgenden Seiten gezeigt werden, sind, wenn nicht anders bezeichnet, alle durch die Hände der Autorin gegangen — während ihrer vielen Jahre als Händlerin, Dozentin und Expertin in antiken Puppen. Die Modeexpertin Madeleine Ginsburg vom Londoner Victoria & Albert Museum hat die detaillierten Beschreibungen der gezeigten Kleidungsstücke beigetragen sowie einen Anhang über Damenunterwäsche des 19. Jahrhunderts (siehe Seiten 138—139).

*Diese zwei Puppen sind in melancholische Promenierroben gekleidet. Die linke Puppe hat ein Kleid von zirka 1880 mit einem gerafften Besatz aus schwarzer Seide mit roten Blenden. Das langschössige anliegende Oberteil ist aus Samt. Borten säumen sowohl das Oberteil als auch den dekorativ gerafften Petticoat-Einsatz. Die Fülle des Kleides ist zu einem sanften Bausch zurückgezogen. Die Samthaube hat einen bestickten Netzschleier. Die Puppe hat außerdem einen Regenschirm in Spazierlänge mit einem Griff aus Elfenbein und Holz, Metallgestänge und schwarzem Baumwollüberzug mit passender Hülle. An ihrem Kleid ist eine Fotominiatur in einem vergoldeten Medaillon angesteckt.*

*Die andere Puppe trägt eine samtene Ausstattung aus der Zeit von 1868—1870, die mit Seide verblendet ist. Unter der hüftlangen Jacke, deren Schösse mit Knöpfen besetzt sind, ist eine ärmellose Seidenweste mit einer Schleife am Rücken. Die Bluse ist aus weißer Baumwolle mit weißer Verzierung. Der Hut aus der gleichen Epoche ist aus Stroh und mit einer Seidenschleife und Seidenblumen besetzt. Die hochhackigen Schuhe aus schwarzem Glacéleder sind weit ausgeschnitten und mit einer Silberrosette verziert. Ein vergoldeter Metallgeldbeutel, der mit einem Haken an der Taille befestigt ist, enthält winzige „Gold"-Münzen.*

LINKE PUPPE
MARKIERUNG fehlt; Jumeau zugeschrieben. GRÖSSE 51 cm.
KOPF Kurbelbrustkopf; blaue Glasaugen, durchstochene Ohren.
KÖRPER Ganzleder mit Zwickeln an Ellbogen, Hüften und Knien.
KÖRPERSTIL A1 (Seite 124).

RECHTE PUPPE
MARKIERUNG fehlt. GRÖSSE 48 cm. KOPF Kurbelbrustkopf; blaue Glasaugen; durchstochene Ohren. KÖRPER Leder-über-Holz mit Unterarmen und Unterschenkeln aus Biskuitporzellan; Zapfengelenke an Schultern, Ellbogen, Hüften und Knien.
KÖRPERSTIL G3 (Seite 127). *(Jackie Jacobs)*

*Um ihren Hund auszuführen, trägt diese Dame ein sommerliches Ausgehkleid aus bedruckter Seide. Sowohl ihr Hut als auch ihr Kleid haben ein asymmetrisches Design, wie es Bru gern gebrauchte. Ihre Robe von zirka 1880 ist besetzt mit besticktem Tüll. Sie besteht aus einem diagonalgeknöpften hüftlangen Jackenoberteil mit Bändern an den Hüften, durch welche die Schleppe geschlungen ist. Der Rock hat Gehlänge, ist auf Taft arrangiert und am Saum mit einer doppelten Rüschenreihe besetzt. Der nach vorn gezogene Hut ist flach, der Rand mit einem Samtband verziert. Er könnte aus einer früheren Epoche stammen als der Rest des Kostüms. Der Seidensonnenschirm hat Walfischstäbe. Die Stiefel mit flachen Absätzen sind aus rotem Saffianleder. Die Puppe trägt eine Handtasche aus den 60er Jahren des vorigen Jahrhunderts. Man findet selten eine Modepuppe, die in bedruckte Seide gekleidet ist.*

MARKIERUNG Gravierung *G* auf Kopf und Brustplatte; Bru zugeschrieben. GRÖSSE 50 cm. KOPF Kurbelbrustkopf; ungewöhnliche Glasaugen gefleckt mit braun, grün und blau; durchstochene Ohren. KÖRPER Ganzleder mit Zwickeln an Ellbogen, Hüften und Knien.
KÖRPERSTIL A3 (Seite 124).

*Diese orientalische Puppe ist ein sehr seltenes Exemplar dieser Spezies. Sie trägt eine formlose Sommerausstattung von zirka 1868, in eben jenem Stil, der in den späten 60ern Mode wurde. Sie ist aus weißem Baumwollrips, eingefaßt mit gewebter Zickzackborte. Sie besteht aus einer dreiviertellangen Jacke, die hinten gerafft ist und weite Trompetenärmel hat, sowie einem Rock, der vorn gebauscht, hinten plissiert und am Saum mit einem tiefen Volant besetzt ist. An den Rändern der Jacke sind Spitzenrüschen angebracht. Die Puppe trägt nur einen ihrer „Rubin-, Diamant- und Smaragd-"Hängeohrringe und eine vergoldete Taschenuhr.*

*Die Puppe steht vor einer spanischen Wand aus Mahagoni mit Perlmuttintarsien. Der rote Lacksekretär verdeckt teilweise eine lederne mit Messing beschlagene Puppentruhe. Der nachgemachte Chippendale-Stuhl ist auch auf den Seiten 52—53 zu sehen.*

MARKIERUNG Gravierung *E.B.* auf der Brustplatte; E. Barrois zugeschrieben. GRÖSSE 41 cm. KOPF Kurbelbrustkopf; braune Glasaugen, durchstochene Ohren.
KÖRPER Ganzlederkörper; Zwickel nur an den Ellbogen.
KÖRPERSTIL N1 (Seite 130).

*Die beiden schwarzen Sänftenträger und die Dame auf diesem Bild sind im* Louis-Seize-Stil *(18. Jahrhundert) gekleidet, der in den 80er Jahren des vorigen Jahrhunderts so populär war. Die Jacken der Träger waren ursprünglich mausbraun, verblendet mit einem dunkelrosa, nun ausgebleichten Satin. Die Dame trägt ein leicht gefälteltes Sackkleid aus cremefarbenem Seidenrips mit Spitzen sowie Falten an den Schultern. Sie hat ein Perlenhalsband, und Perlen sind auch in ihre puderweißen Locken eingeflochten. Ihr Fächer ist aus bemalter Seide mit Federrand und Fischgrätstäbchen.*

*Das Alter und die Empfindlichkeit der Kostüme machte es unmöglich, die drei Puppen auf der Suche nach einer Herstellermarkierung auszuziehen. Außerdem konnte die Dame nicht aus der Sänfte geholt werden, ohne den Stuhl zu beschädigen. Deshalb weiß man nichts über ihre technischen Details, außer, daß sie einen Kurbelbrustkopf und Unterarme aus Biskuitporzellan hat. Die Charakteristika aller drei Puppenköpfe jedoch decken sich eng mit jenen, die bekanntermaßen von F. Gaultier gemacht worden sind.*

*Der Hauptteil der Sänfte ist mit einer Seide überzogen, die sich mit den Jacken der Träger deckt. Das Innere ist mit rosa Seide gepolstert. Aus diesem Stoff sind auch die äußeren Tafelfelder, die mit Floralmustern bemalt wurden. Obwohl die Originalfarben verblaßt sind, ist die Sänfte in ausgezeichnetem Zustand. Die Fenster sind aus geschliffenem Glas und es gibt eine kleine Klapptüre am Fuß, die eine Schachtel für Schokolade verbirgt.*

*Diese komplette Gruppe mit Puppen und Sänfte gehörte ursprünglich dem Herzog von Bedford. Jetzt ist sie Teil der Sammlung der Autorin.*

DIE SÄNFTENTRÄGER
MARKIERUNG siehe oben. GRÖSSE 33 cm. KOPF Kurbelbrustkopf; eingebrannte Biskuitporzellanfarbe; braune Glasaugen; durchstochene Ohren. KÖRPER Ganzleder ohne Zwickel; abgenähte Finger.
KÖRPERSTIL F1 in braunem Leder, aber mit abgenähten Fingern (Seite 126).

*Vor ihrer Robe, die sorgfältig über einem Kleiderständer ausgebreitet ist, steht eine Puppe, die immer noch viel von ihrer originalen Ausstattung um zirka 1865 trägt. Sie hat ein leicht gesteiftes Korsett an und eine ihrer zwei Untergarnituren. Diese Garnitur besteht aus einem Hemd, offenen Unterhosen und einem keilförmig zugeschnittenenUnterrock aus spitzenbesetztem Batist. Die andere Garnitur mit einem höher geschlossenen auf der Brust geknöpften Hemd und einem Unterrock mit gefältelten Rüschen war für weniger formelle Anlässe gedacht. Die Puppe trägt außerdem einen Krinolinen-Petticoat unter dem vollen Rock ihres Kleides. Er ist aus weiß gemusterter Baumwolle, versteift mit fünf Reihen Schilfrohr und hat ein elastisches Taillenband und zwei elastische Bänder am Rücken, zur Regulierung seiner Form.*

*Auf dem Kleiderständer ist ihre Ballrobe. Sie ist von der allerneuesten Mode und mit ihren schießschartenartigen Verzierungen jener ähnlich, die auf einem Modebild von 1865 gezeigt wird. Das Überkleid ist aus Seidenrips gemacht, paspeliert und mit Seidenfransen verziert. Der mit keilförmig zugeschnittene Rock dagegen ist aus Satin mit einem sehr steifen Futter. Die Puppe hat außerdem ein Paar tiefgeschnittene Abendschuhe aus weißem Satin, verziert mit blauen Schleifen und Stahlschnallen sowie hand-*

*gelenklange Handschuhe aus weißem Ziegenleder mit einem einzigen Knopf. Ihr blauer Seidenfächer ist mit Heckenrosen bemalt und hat Elfenbeinstäbe und eine Quaste, verziert mit einem vergoldeten Ring. Ihr Schmuck paßt sowohl zur Tages- wie zur Abendgarderobe. Passend zum Ballkleid hat sie ein Diadem und eine passende Halskette aus „Diamanten und Saphiren". Zum Tageskleid dagegen hat sie eine vergoldete Halskette besetzt mit „Türkisen", der Anhänger ist besetzt mit Glasperlen, wie jenen auf ihrem Promenierkleid.*

*Diese Puppe ist mit einem anderen Kleid auch auf den Seiten 90—91 zu sehen.*

MARKIERUNG fehlt, aber sehr seltene Gußform. GRÖSSE 48 cm. DATUM zirka 1865. KOPF Kurbelbrustkopf; kobaltblaue Glasaugen; durchstochene Ohren. KÖRPER Leder-über-Holz mit Zapfengelenken an Schultern, Ellbogen, Hüften und Knien; Unterarme aus Biskuitporzellan; modellierter Busen wie bei C3. Dieser Körpertyp hat manchmal auch Arme wie bei C3. KÖRPERSTIL O1 (Seite 131).

*Obwohl zwischen den Ausstattungen dieser beiden Puppen nur zehn Jahre liegen, ist der Unterschied ausgeprägt. Die Puppe links trägt ein Promenierkleid von zirka 1875 aus Seidenrips. Sie hat ein anliegendes Jackenoberteil mit ausgeprägtem Rückenteil auf Hüfthöhe. Der Rock ist hochgebauscht unter einer schürzenähnlichen Drapierung und bekommt dadurch jene glatte Front, die 1875 eingeführt wurde. Sie hat einen Strohhut und handgelenklange Handschuhe aus Ziegenleder mit bogenförmig verzierten Rändern, die mit einem einzigen Porzellanknopf geschlossen werden. Ihre bis Mitte der Waden reichenden seitlich geknöpften Stiefel mit hohen Absätzen sind aus bronzefarbenem Ziegenleder.*

*Die Puppe rechts trägt ein Hauskleid von zirka 1865 aus feiner mit Bändern und Spitzen verzierter Wolle. Ein Flatterband hängt vom hinteren Kragen ihrer glockenförmigen Jacke und betont die lose dreieckige Silhouette, die damals modisch war. Ihr weiter Rock hat vorn und hinten Doppelfalten und auf beiden Seiten zwei Doppelfalten. Sie trägt einen mit Seidenspitze und einem*

*Band verzierten Hut sowie Handschuhe aus Ziegenleder mit zwei Metallknöpfen am Handgelenk. Ihr bortenbesetzter Seidensonnenschirm mit Elfenbeingriff, Walfischbein und Messingbeschlägen ist nicht im Bild.*

LINKE PUPPE
MARKIERUNG fehlt (F.G.-Typ). GRÖSSE 47 cm. KOPF Kurbelbrustkopf; graue Glasaugen, durchstochene Ohren. KÖRPER Ganzleder mit Zwickeln an Hüften und Knien; Holzarme mit Zapfengelenken an Schultern und Ellbogen; Hände mit Kugelgelenken und Flanschgelenke an den Oberarmen.
KÖRPERSTIL O2 (Seite 131).

RECHTE PUPPE
MARKIERUNG fehlt; Bru zugeschrieben. GRÖSSE 42 cm. KOPF Kurbelbrustkopf, blaue Glasaugen mit modellierten unteren Augenlidern; durchstochene Ohren. KÖRPER Ganzleder mit Zwickeln an Ellbogen, Hüften und Knien; einzeln abgenähte Zehen.
KÖRPERSTIL A3 (Seite 124).

*Zwei Kinder und eine Dame sind hier um einen Sekretär gruppiert. Die Dame trägt ein Satinkleid aus der Zeit um 1880, das einige besondere Merkmale aufweist: eine lose gesmockte Halskrause und doppelte Puffärmel. Ihr Rock ist mit seiner Turnüre, seinen Falten und Bäuschen an den Hüften und seiner Raffung höchst modisch. Nicht ganz so zeitgemäß ist jedoch ihr kleiner schwarzer Hut. Er hat mehr die Charakteristika der frühen 70er Jahre. Dies gilt auch für ihre hochhackigen, an der Spitze breiten, seitlich geknöpften Stiefel. Ihr vergoldetes Medaillon enthält eine Haarlocke.*

*Zu Füßen der Dame sitzt ein im Stil um 1875 gekleidetes Mädchen. Ihr kleiner, schmalkrempiger Hut paßt zum Besatz ihres Kleides mit Schachbrettmuster. Und ihr vorn geschlossenes Jackenoberteil, das im Rücken gerafft ist, hat einen Gürtel mit einer schwarzen Samtschleife. Der glockenartige Rock ist knielang. Sie trägt knöchelhohe Schnürstiefel mit flachen Absätzen.*

*Neben dem Sekretär steht ein Mädchen in einem Seidenkleid aus den Mittsechzigern. Es hat zipfelige, gereihte Rüschen und einen mit Spitzen gerandeten hüftlangen Besatz über einem knielangen Rock mit Doppelfalten. Ihr Hut aus Papiermaché ist aus den 80er Jahren.*

RECHTE PUPPE
MARKIERUNG fehlt (Typ Jumeau). GRÖSSE 38 cm. KOPF Kurbelbrustkopf; blaue Glasaugen; durchstochene Ohren. KÖRPER Ganzleder mit Zwickeln an Ellbogen, Hüften und Knien.
KÖRPERSTIL A1 (Seite 124).

SITZENDE PUPPE
MARKIERUNG fehlt (Typ Simonne). GRÖSSE 30 cm. KOPF Kurbelbrustkopf; kobaltblaue Glasaugen; durchstochene Ohren. KÖRPER Leder-über-Holz mit Zapfengelenken an Schultern, Ellbogen, Hüften und Knien; Arme aus Biskuitporzellan.
KÖRPERSTIL O1 (Seite 131).

LINKE PUPPE
MARKIERUNG Jumeau Médaille d'Or. GRÖSSE 28 cm. KOPF Kurbelbrustkopf; blaue mandelförmige Glasaugen; durchstochene Ohren. KÖRPER Ganzleder mit Zwickeln an Ellbogen, Hüften und Knien.
KÖRPERSTIL A1 (Seite 124).

*Mutter und Tochter sitzen mit ihrem Schoßhund auf dem Sofa. Die Mutter trägt einen Umhang aus den Mittsechzigern. Er ist aus leichtem Wolltuch und mit einem Stickmuster eingefaßt. Ihr Rock jedoch ist eher typisch für den Stil der 70er Jahre.*

*Das Kind trägt eine Sommerausstattung der frühen 60er Jahre aus waffelgemusterter Baumwolle, besetzt mit Kordel. Sie besteht aus einem Bolerojäckchen, einem Rock mit Doppelfalten und einem passenden runden Filzhütchen und Reticule. Diese Ausstattung dürfte sehr modisch gewesen sein, denn kurze Bolerojäckchen wurden in der Erwachsenengarderobe erst gegen 1862—1863 eingeführt. Hut und Kleid sind aus demselben Material. Innen im Hut sind die Worte eingedruckt* Au Calife de Bagdad, Rebbilion. *In Verbindung mit dem Ladenetikett auf der Brust der Puppe (siehe unten) ist dies ein seltener Beweis dafür, daß die Kleidung komplett original ist.*

DIE MUTTER
MARKIERUNG Blauer Huret-Stempel auf der Brust. GRÖSSE 47 cm. KOPF Kurbelbrustkopf; gemalte blaue Augen; durchstochene Ohren. KÖRPER Leder-über-Guttapercha; Unterarme aus Biskuitporzellan; Zapfengelenke an Schultern, Ellbogen und Knien; diagonalgeflanschte Hüftgelenke.
KÖRPERSTIL H1 (Seite 127)

DIE TOCHTER
MARKIERUNG Ovales Ladenetikett auf der Brust mit dem unklaren Wort *Rebbilion* (siehe oben). GRÖSSE 33 cm. KOPF feststehend; blaue Glasaugen; durchstochene Ohren. Gesicht im Typ von Huret. KÖRPER Ganzleder mit Armen aus Biskuitporzellan; Zwickel an Hüften und Knien.
KÖRPERSTIL J2 (Seite 128).

*Die Dame, die hier mit einer deutschen Charakterpuppe zu sehen ist, die den amerikanischen Präsidenten William McKinley darstellt, trägt ein Satinballkleid aus den späten 70er Jahren mit Baumwollfutter. Das enganliegende korsettartige Oberteil und der Rock, der zu einer Schleppe ausläuft und mit Raffbändern zurückgebunden ist, sind mit Seidenspitze, Blumen und Perlen besetzt. Das knappe hüftlange Oberteil und der zurückgebundene Rock, der die Knie beengt und die ganze Fülle nach hinten wirft, sind die herausstechenden Besonderheiten der Mode in den Jahren zwischen 1876 und den frühen Achtzigern.*

MARKIERUNG Gravierung *F.G.* auf der Brustplatte. GRÖSSE 41 cm.
KOPF Kurbelbrustkopf; blaue Glasaugen; durchstochene Ohren.
KÖRPER Ganzleder mit Zwickeln an Ellbogen, Hüften und Knien.
KÖRPERSTIL A1 (Seite 124).

*Zwei Damen in Reifröcken bewundern sich im Spiegel. Die linke Puppe trägt ein aus Satin gefertigtes Hof- oder formelles Ballkleid aus der Zeit von 1865 bis 1868. Oberteil und Schleppe sind aus demselben Material und mit angereihtem bestickten Tüll verziert, die zu den Rüschenreihen auf dem Petticoat passen. Bandschleifen verschönern die Front des Oberteils, künstliche Blumen einen Rand der Schleppe, „Perlen" den anderen. Hofkleider hatten immer Schleppen, deren Länge sich nach der jeweiligen Etikette richtete. Sie wurden zusammen mit einem Kopfputz aus Spitzen und Federn getragen.*

*Die Puppe rechts trägt ein Ausgehkleid aus Taft von 1866—1867 mit aufgenähten Kordeln und Quasten. Der Schoß der Jacke, die zwar anliegt, aber keinen Taillensaum hat, ist hinten geschwungen. Der keilförmig zugeschnittene Rock dagegen ist sehr weit und hat Falten an den Seiten und zwei Doppelfalten am Rücken. Er ist mit Steifleinen verstärkt. In den Mittsechzigern wurde die Linie weicher und die Silhouette eher dreieckig als rund. Die Puppe trägt einen Federfächer wie er typisch für die 80er Jahre des vorigen Jahrhunderts ist.*

LINKE PUPPE
MARKIERUNG fehlt; möglicherweise eine „lächelnde" Bru.
GRÖSSE 48 cm. DATUM zirka 1865. KOPF Kurbelbrustkopf; blaue Glasaugen; durchstochene Ohren. KÖRPER Ganzleder mit Zwickeln an Hüften und Knien; Hände aus Biskuitporzellan im Bru-breveté-Stil.
KÖRPERSTIL E3 (Seite 126).

RECHTE PUPPE
MARKIERUNG fehlt (Gesicht im Simonne-Typ). GRÖSSE 47 cm.
DATUM zirka 1860. KOPF Kurbelbrustkopf; kobaltblaue Augen.
KÖRPER Ganzholz; Zapfengelenke an Schultern, Ellbogen, Handgelenken, Hüften und Knien; Flanschgelenke in der Taille und in der Mitte der Oberschenkel.
KÖRPERSTIL P1 (Seite 131).

*Dieser seltene Anblick von drei hervorragenden Promenierkleidern zeigt die Detailfreudigkeit und Feinheit dieser Miniaturroben. Die Puppe links trägt ein Kleid aus gerippter Seide von zirka 1872. Der Kragen, die weit zurückgeschlagenen Manschetten, der Besatz am Rücken der Jacke und der aus zwei Lagen bestehende Rock sind mit Satinbändern eingefaßt. Das Jackenoberteil ist mit satinbezogenen Knöpfen zu schließen, die sich in der Mitte des Überrocks hinunter fortsetzen. Das Jackenoberteil ist außerdem mit schwarzer und weißer Spitze besetzt. Das Kleid erhält seine rückwärtige Fülle, die in den 70ern modisch ist, durch eine üppige, quadratische, strohene Turnüre. Die Puppe hat einen Matrosenhut aus Stroh mit hochgestülpter Krempe und trägt einen gemusterten Seidensonnenschirm. Ihre seitlich geknöpften Stiefel aus bronzefarbenem Ziegenleder haben hohe Absätze. In die Sohle ist die Markierung* c.c. *und die Größe*2 *eingeprägt.*

*Die Puppe rechts trägt ein Promenierkleid von zirka 1868. Es besteht aus einem leichten wollenen Überkleid mit Bändern über den Schultern, einer Schürzenfront und einem Seidenunterkleid mit Schleppe, das mit Borten und Spitzen besetzt ist. Sie trägt eine mit Glasperlen besticke Handtasche mit einem vergoldeten Bügel sowie einen Seidensonnenschirm. Ihr passender Hut ist sorgfältig mit Blumen und Federn geschmückt. Sie hat tief ausgeschnittene Slipper mit flachen Absätzen.*

*In der Mitte ist ein Mädchen mit einem Seidenkleid um 1885. Das Kleid ist ziemlich weit und am Sattel und der tiefen Taille gerafft. Es hat eine Halskrause aus Spitze. Manschetten und Saum sind mit Spitze bezogen. Ihr Strohhut mit seinem hochgezogenen Rand ist mit Federn, Bändern und Blumen geschmückt. Sie trägt bronzefarbene seitlich geknöpfte Ziegenlederstiefel mit hohen Absätzen. Auf der Sohle ist die Größe* 2 *eingeprägt. Diese Puppe ist auch auf den Seiten 56—57 abgebildet.*

LINKE PUPPE
MARKIERUNG fehlt (Typ Simonne). GRÖSSE 38 cm. KOPF Kurbelbrustkopf, kobaltblaue Augen, durchstochene Ohren. KÖRPER Ganzleder mit Armen aus Biskuitporzellan; Zapfengelenken an Schultern; Zwickel an Hüften und Knien.
KÖRPERSTIL J3 (Seite 128).

RECHTE PUPPE
MARKIERUNG Gravierung *E* hinten an Kopf und Schulter; Bru zugeschrieben. GRÖSSE 41 cm. KOPF Kurbelbrustkopf; blaue Glasaugen; durchstochene Ohren. KÖRPER Stoff mit Lederarmen; keine Zwickel.
KÖRPERSTIL A2 (Seite 124).

MITTLERE PUPPE
MARKIERUNG fehlt. GRÖSSE 30 cm. KOPF feststehend; blaue Glasaugen; durchstochene Ohren. KÖRPER Ganzleder mit Zwickeln an Ellbogen, Hüften und Knien.
KÖRPERSTIL A1 (Seite 124)

*Die linke Puppe, die offenbar im Begriff ist, ihren Windhund auszuführen, trägt ein Promenierkleid von zirka 1875 aus feiner in sich gestreifter Wolle mit gerafftem und maschinengefälteltem Besatz. Trotz der Turnüre beginnt sich der Rockstil zu ändern — er wird vorn flacher. Der Schoß der hüftlangen Jacke ist in Falten gelegt und Bänder an der Rockinnenseite halten die Schleppe in Form. Der weitkrempige Hut im Stil des 17. Jahrhunderts ist mit Federn und Bänderschleifen verziert. Die Puppe trägt einen Pelzmuff aus etwa derselben Zeit.*

*Die Puppe rechts trägt ein enganliegendes Kleid im Prinzeßstil von zirka 1878 aus vormals muschelrosafarbenem Satin. Die geraffte Drapierung an der Hüfte und der gefältelte Rock sind mit gestreiftem Satin und Spitze besetzt und zeigen die lange, schmale Taille, die für diese Epoche charakteristisch war. Der Hut ist aus Stroh und mit Bändern und Blumen verziert. Die hochhackigen, seitlich geknöpften Stiefel sind aus bronzefarbenem Ziegenleder. Auf der Sohle ist* L.D.Déposé *und* 4 *eingeprägt.*

LINKE PUPPE
MARKIERUNG Gravierung *G* auf Kopf und Schultern; wahrscheinlich eine „lächelnde" Bru. GRÖSSE 43 cm. KOPF Kurbelbrustkopf; blaue Glasaugen; durchstochene Ohren. KÖRPER Ganzholz, Zapfengelenke an Schultern, Ellbogen, Handgelenken, Hüften, Knien und Fußgelenken; Drehtaille mit Kugelgelenk.
KÖRPERSTIL E2 (Seite 126).

RECHTE PUPPE
MARKIERUNG Gravierung *F.G.* auf Kopf und Brustplatte und *4* auf Hinterkopf und Schulter. GRÖSSE 47 cm. KOPF Kurbelbrustkopf; blaue Glasaugen; durchstochene Ohren. KÖRPER Ganzholz; Zapfengelenke an Schultern, Ellbogen, Hüften und Knien; Kugelgelenke an Handgelenken; Flanschgelenke in der Mitte der Oberarme und Oberschenkel.
KÖRPERSTIL P3 (Seite 131)

*Zwischen zwei Blumenständern posieren eine Mutter und ihre Tochter. Die Mutter trägt ein Promenierkleid mit quadratischem Halsausschnitt, das vorne zu schließen ist. Das keilförmig zugeschnittene Kleid mit Schleppe ist hinten in der Mitte eng gerafft und am Saum mit einem Doppelfalten-Volant besetzt. Es hat eine Schärpe mit zwei weit herabhängenden Enden und ein passendes Cape dazu. Die Robe ist aus Taft, und der Fransenbesatz ist in jener winkligen Anordnung aufgenäht, die von 1867 bis 1868 modisch war. Die dazu passende Haube ist aus gefälteltem Papier und mit bleichem blauem Band und Tüll besetzt. Die Perücke ist im Originalstil und sehr modisch: vorne hoch, hinten drei Rollen (von einem Haarnetz gehalten) und zwei herunterbaumelnde Ringellöckchen. Ihre blaßblauen Lederstiefel haben flache Absätze und sind vorn geschnürt. Sie trägt einen Fächer mit Stäben aus Bein und bemalten Seidenblättern, der aus der gleichen Zeit stammt wie das Kleid.*

*Das Mädchen trägt im Stil der Zeit um 1880 einen seidenbesetzten Popelinmantel, der keine Taille hat. Er ist mit Baumwolle gefüttert und hat unten am Saum einen Spitzenbesatz. Außerdem ist er von Hüfte bis Saum mit Faltenreihen besetzt und mit Perlenknöpfen zu schließen. Der Strohhut ist mit blauer Seide verziert und trägt zur besonderen Dekoration Stahlschnallen. Die bronzefarbenen Stiefel aus Ziegenleder haben hohe Absätze und sind seitlich geknöpft, und die Puppe trägt Socken mit Lochmuster. Im allgemeinen hatten Mädchenkleider einen ähnlichen Schnitt wie die der Erwachsenen, obwohl sie viel kürzer und ohne Turnüre waren.*

DIE MUTTER
MARKIERUNG fehlt (Typ Simonne). GRÖSSE 46 cm. KOPF Kurbelbrustkopf; kobaltblaue Glasaugen. KÖRPER Leder-über-Holz mit Zapfengelenken an Schultern, Ellbogen, Hüften und Knien; Unterarme aus Biskuitporzellan.
KÖRPERSTIL O1 (Seite 131).

DIE TOCHTER
MARKIERUNG fehlt (Typ *F.G.*). GRÖSSE 38 cm. KOPF Kurbelbrustkopf; blaue Glasaugen; durchstochene Ohren. KÖRPER Ganzleder mit Zwickeln an Ellbogen, Hüften und Knien.
KÖRPERSTIL A1 (Seite 124)

*Die Mutter auf diesem Bild mit ihren beiden Töchtern trägt eine aus vier Teilen bestehende Ausstattung von zirka 1871 aus Seide in Ripsbindung. Sie ist für den Ausgang gekleidet in einem ärmellosen Umhang, der hinten mit einer Schleife verziert ist, über einem tief ausgeschnittenen enganliegenden Oberteil. Gerüschter Besatz wie auf diesem Kleid war sehr modisch in den frühen 70er Jahren, und ein Modebild von 1871 zeigt einen ähnlichen Stil. Ihr Fächer aus Bein mit seinen applizierten vergoldeten Blumen und ihr Opernglas aus Elfenbein sind aus derselben Zeit. Sie trägt außerdem einen hohen Hut mit gekräuselter Krempe, Wildlederhandschuhe mit einem Knopf am Handgelenk und hochhackige, vorn schließende Stiefel aus bronzefarbenem Ziegenleder. Zu ihrer Ausstattung gehört außerdem ein Seidensonnenschirm mit Stäben aus Walfischbein, einem Metallring aus Messing und einem elfenbeinernen Griff mit einem Knopf aus „Bernstein“.*

*Die Tochter links im Bild ist in ein Überkleid aus Taft von 1868—1869 mit einem gerafften und drapierten Rücken gesteckt. Das ursprünglich strahlende Purpur des Kleides, welches damals eine sehr beliebte Farbe war, muß lebhaft kontrastiert haben mit der Farbe der Seidenknöpfe, der Litze und der Seidenspitzen des Besatzes. Das Unterkleid ist glockenförmig, mit Steifleinen verstärkt und mit rosafarbenen Rüschen verziert. Die Lackstiefel aus Ziegenleder haben flache Absätze und vergoldete Schnallen. Auf den Sohlen sind die Markierungen* CC *und* 2 *eingeprägt.*

*Die Tochter in der Mitte trägt ein Überkleid aus gerippter Seide mit dunklen Effektstreifen aus Satin und Litzenbesatz. Es hat einen spitzzulaufenden Saum und einen glockenförmigen hüftlangen Schoß über einem cremefarbigen wollenen Unterkleid, das mit Baumwollsatin verstärkt ist. Der Schnitt ist etwas gerader als der des purpurfarbenen Kleides ihrer „Schwester“, womit er etwa ein Jahr älter sein dürfte. Sie trägt bronzefarbene Zugstiefel aus Ziegenleder mit hohen Absätzen. In die Sohlen ist die Zahl* 2 *eingeprägt.*

DIE MUTTER
MARKIERUNG fehlt. GRÖSSE 43 cm. DATUM zirka 1870.
KOPF Kurbelbrustkopf; kobaltblaue Glasaugen; durchstochene Ohren.
KÖRPER Ganzleder mit Zwickeln an Ellbogen, Hüften und Knien.
KÖRPERSTIL A1 (Seite 124).

LINKE PUPPE
MARKIERUNG fehlt (Typ Jumeau). GRÖSSE 36 cm.
DATUM zirka 1865. KOPF Kurbelbrustkopf; blaue Glasaugen; durchstochene Ohren. KÖRPER Ganzleder mit Armen aus Biskuitporzellan; Zwickel an den Hüften.
KÖRPERSTIL M1 (Seite 130)

MITTLERE PUPPE
MARKIERUNG fehlt (Typ Simonne). GRÖSSE 38 cm. DATUM zirka 1865. KOPF Kurbelbrustkopf; blaue Glasaugen; durchstochene Ohren. KÖRPER Ganzleder mit Zwickeln an den Hüften.
KÖRPERSTIL N3, aber keine Ellbogenzwickel (Seite 130).

*Angezogen für den Einkaufsbummel stehen zwei Damen und ein Kind mit ihren Hunden vor einem Geschäft. Die linke Puppe trägt ein leichtes Wollkleid von zirka 1868, mit Biesen und Satinblenden versehen. Der Stil geht zurück auf die 60er Jahre: kurz in der Taille, mit Trompetenärmeln, die etwas unter den Ellbogen beginnen, der Saum ist mit Steifleinen verstärkt, um ihm mehr Schwung zu geben. Aber ihr Rock, keilförmig zugeschnitten und hinten in der Mitte angekraust sowie mit einem blattförmig gebogten Überrock deutet auf die 70er Jahre hin. Der vermutlich aus derselben Zeit stammende Hut ist aus Stroh und mit Satin besetzt.*

*Die Puppe rechts trägt ein Ausgehkleid aus Seide mit Tweedcharakter von zirka 1880. Es ist mit Steifleinen gefüttert und vom Hals bis zu den Knien mit einer Reihe von Messingknöpfen verziert. Am Rücken ist ein Einsatz aus schwarzer Seide mit einer asymmetrisch durch eine Seidenschleife befestigten Schnürdrapierung. Der betonte Rücken des Oberteils war eine modische Besonderheit um 1880. Die Haube, die ein Teil der Originalausstattung ist, ist aus Stroh und mit Bändern und Blumen geschmückt. Außerdem hat sie Seidenfransen. Die Puppe trägt einen Sonnenschirm mit Stäben aus Walfischbein und einem Holzgriff von zirka 1860. Ihr Fächer aus Bein ist aus etwa der gleichen Zeit.*

*Die Puppe in der Mitte ist als kleines Mädchen in ein knielanges Ausgehkleid aus blauem Stoff, verziert mit Wollstoff und Spitze, gekleidet. Dieses ist eng anliegend, aber ohne Taillennaht, und der Rock hat hinten einen Einsatz mit Falten und eine gefältelte Tasche an der Hüfte. Die Vorderseite ist mit zwei Reihen weißer Seidenknöpfe verziert, aber mit Haken und Ösen zu schließen. Der nach vorn geneigte bienenkorbähnliche Hut aus Stroh mit Verzierungen aus gemusterten Bändern und Federn ist Teil der Originalausstattung. Die seitlich geknöpften bis Mitte der Waden reichenden Stiefel haben hohe Absätze. Sie sind aus bronzefarbenem Ziegenleder und haben Stahlschnallen. Auf den Sohlen sind die Markierungen o°o und J. eingeprägt. Diese Puppe, die man auch auf den Seiten 56—57 sehen kann, stammt von zirka 1880.*

LINKE PUPPE
MARKIERUNG Gravierung *B.S.* auf der Brustplatte; ovaler Simonne-Stempel auf der Brust. (Das Beispiel einer Puppe, die aus Teilen produziert wurde, die zwei verschiedene Hersteller lieferten.) GRÖSSE 38 cm.
KOPF Kurbelbrustkopf; blaue Glasaugen; durchstochene Ohren.
KÖRPER Ganzleder mit Armen aus Biskuitporzellan; Zwickel an Hüften und Knien.
KÖRPERSTIL J3 (Seite 128).

RECHTE PUPPE
MARKIERUNG Gravierung *2* auf der Brustplatte (Typ F.G.).
GRÖSSE 39 cm. KOPF Kurbelbrustkopf; blaue Glasaugen; durchstochene Ohren. KÖRPER Ganzleder mit Zwickeln an Ellbogen und Hüften.
KÖRPERSTIL N3 (Seite 130)

MITTLERE PUPPE
MARKIERUNG fehlt (Typ Jumeau). GRÖSSE 24 cm. KOPF Kurbelbrustkopf; blaßblaue Glasaugen; durchstochene Ohren. KÖRPER Ganzleder; keine Zwickel.
KÖRPERSTIL N2 (Seite 130).

*Die Spanische Wand im Jugenstil ist dekoriert nach der Art von Walter Crane, und die Kommode ist mit chinesischen Motiven verziert. Der Stuhl ist nachgemachtes Chippendale. Die Puppe links trägt ein Promenierkleid von 1876—1878 aus gestreifter Seide mit einem enganliegenden, korsettartigen Oberteil. Es ist vorne zu schließen und hat ein schürzenartiges Überkleid, das hinten über dem Unterkleid mit Schleppe gebunden wird. Es ist an der Vorderseite herunter mit einer Rüsche besetzt und hat zwei Taschen. Die bronzefarbenen seitlich geknöpften Ziegenlederstiefel haben hohe Absätze. Die Größe* 4 *und die Markierung* CC *sind auf der Sohle eingeprägt. Der Fächer aus Bein ist etwas älter, aus den 60er Jahren.*

*Die Puppe rechts ist in ein enganliegendes einteiliges Abendkleid von zirka 1880 gekleidet. Dieses ist aus gerippter Seide, besetzt mit Satin und wird am Rücken stramm geschnürt. Innen an der rückwärtigen Bahn des Rockes sind extra Stoffbänder, um die Paßform der Vorderseite und den Fall der Schleppe zu regulieren. In jedem Detail der Verzierung und Ausarbeitung, bis hin zu der dreieckigen Tasche an der Rückseite des Rocks, ist dieses Kleid die Miniatur einer Robe von normaler Größe.*

LINKE PUPPE
MARKIERUNG blauer ovaler Ladenstempel auf der Brust mit den teilweise lesbaren Wörtern *Recompense / Nadaud / Jouets.* (Typ Jumeau).
GRÖSSE 43 cm. KOPF Kurbelbrustkopf; blaue Glasaugen; durchstochene Ohren. KÖRPER Ganzleder mit Zwickeln an Ellbogen, Hüften und Knien.
KÖRPERSTIL C1 (Seite 125).

RECHTE PUPPE
MARKIERUNG fehlt (Typ Jumeau). GRÖSSE 43 cm. KOPF Kurbelbrustkopf; blaue mandelförmige Glasaugen. KÖRPER Ganzleder mit Zwickeln an Ellbogen, Hüften und Knien.
KÖRPERSTIL A1 (Seite 124)

*Während im Hintergrund ein „Mohren"-Diener steht, bereiten sich diese Damen auf ihre Teestunde vor. Die linke trägt ein feines mit Spitzen besetztes Wollkleid von 1878—1880. Das Oberteil läuft vorn in der Taille spitz zu und hat längere rechteckige Schöße. Über ihrem dazupassenden Kleid ist eine Drapierung, die in einem großen Bogen ausläuft. Die Schleppe endet in einem Rechteck. Ihre bronzefarbenen Ziegenlederstiefel werden geschnürt. Sie haben flache Absätze und Schnallen. Die Gesichtszüge und die Hände dieser Simonne-Puppe sind denen einiger früher Simon-&-Halbig-Puppen sehr ähnlich.*

*Die Dame rechts trägt ein Promenierkleid von etwa 1885 aus Satin mit kontrastierendem Besatz an der Schleppe. Die relative Schlichtheit und der westenartige Einsatz am Oberteil sind typisch für den Stil der Mittachtziger.*

*Der Diener ist außerdem auf den Seiten 28—29 zu sehen. Dort werden detaillierte Angaben über seine Kleidung und seinen Körperstil gemacht.*

LINKE PUPPE
MARKIERUNG fehlt (Typ Simonne). GRÖSSE 38 cm. KOPF Kurbelbrustkopf; blaue Glasaugen. KÖRPER Leder-über-Holz; Unterarme aus Biskuitporzellan; Zapfengelenke an Schultern, Hüften und Knien; loses Leder über dem Ellbogengelenk.
KÖRPERSTIL R1 (Seite 132).

RECHTE PUPPE
MARKIERUNG fehlt (Typ Jumeau). GRÖSSE 38 cm. KOPF Kurbelbrustkopf; blaue mandelförmige Glasaugen. KÖRPER Ganzholz; Zapfengelenke an Schultern, Ellbogen, Hüften und Knien; Kugelgelenke an Handgelenken; Flanschgelenke am Oberschenkel und in der Mitte des Oberarms.
KÖRPERSTIL K2 (Seite 129)

*Beim täglichen Ausgang mit ihren drei Zöglingen trägt dieses Kindermädchen ein Kleid aus feiner aber dicht gewebter Wolle mit einem passenden Schultercape. Das vorn geknöpfte Oberteil wird geschützt durch einen leinernen Schürzenlatz. Und die langen, engen Ärmel mit ihren Überärmeln werden oben mit Zugbändern gehalten und am Handgelenk mit Knöpfen befestigt. Sowohl das Oberteil wie auch die Ärmel sind mit kleinen roten Kreuzen bestickt, wie auch die Taschen und der verspielt-gestrickte Wollunterrock. Dieser stellt zusammen mit einem einfachen Petticoat, einem vorn geschlossenen Unterhemd und einfach gestrickten Wollstrümpfen ihre Unterwäsche dar. Sie trägt außerdem eine baumwollene Nachthaube aus der Mitte des 19. Jahrhunderts, die mit Falten verziert ist, und flache schwarze Lederschuhe mit einer Seidenschleife. Das rote kreuzförmige Monogramm, die Qualität der Handarbeit und der Kleidertyp lassen vermuten, daß die Puppe während der 80er Jahre in einem Convent mit einem Nähmuster bekleidet wurde.*

*Das Mädchen links steckt in einem Seidenkleid der Mittachtziger. Die lose geschnittene Form, die mit Bändern an Schulter und Taille gehalten wird, zeigt den Einfluß der neuen entspannten Haltung gegenüber Kinderkleidung. Dazu paßt der schutenähnliche Hut mit nach oben geneigter breiter Krempe und künstlichen Blumen. Die Puppe trägt braune, seitlich geknöpfte Lederstiefel mit hohen Absätzen. Sie wird auch auf den Seiten 42—43 gezeigt.*

*Das Mädchen rechts trägt ein seidenbesetztes Mantelkleid von zirka 1880, das im Schnitt dem Seidenkleid der mittleren Puppe sehr ähnlich ist. Das Mantelkleid hat einen Satinbesatz mit falschen Knöpfen. Hinten in Hüfthöhe ist der Rock befestigt und mit einer blauen Satinschleife drapiert. Der kleine schmalrandige Satinhut paßt dazu und wird mit nach vorn gestülpter Krempe getragen. Die hochhackigen Satinstiefel sind angenäht. Diese Puppe wird auch auf den Seiten 50—51 gezeigt.*

DAS KINDERMÄDCHEN
MARKIERUNG Gravierung *E. Déposé B.* auf der Brustplatte (vermutlich E. Barrois). GRÖSSE 42 cm.
KOPF Kurbelbrustkopf; blaue Glasaugen; durchstochene Ohren.
KÖRPER Ganzleder mit Zwickeln an Ellbogen, Hüften und Knien.
KÖRPERSTIL A1 (Seite 124).

LINKE PUPPE
MARKIERUNG fehlt.
GRÖSSE 30 cm.
KOPF feststehend; blaue Glasaugen; durchstochene Ohren.
KÖRPER Ganzleder mit Zwickeln an Ellbogen, Hüften und Knien.
KÖRPERSTIL A1 (Seite 124)

MITTLERE PUPPE
MARKIERUNG fehlt (Typ Jumeau). GRÖSSE 24 cm.
KOPF Kurbelbrustkopf; blaßblaue Glasaugen; durchstochene Ohren.
KÖRPER Ganzleder; keine Zwickel.
KÖRPERSTIL N2 (Seite 130).

RECHTE PUPPE
MARKIERUNG fehlt.
GRÖSSE 36 cm.
KOPF Kurbelbrustkopf; blaue Glasaugen; durchstochene Ohren.
KÖRPER Arme und Unterschenkel aus Biskuitporzellan. Papptorso von den Schultern bis zu den Knien zur Aufnahme von *Dragées* (Zuckermandeln). Zum Öffnen konnte man den Deckel an den Unterschenkeln abheben. Puppen dieses Typs (oft von Sammlern „Bonbon-Behälter" genannt) wurden bei Taufzeremonien verschenkt. Viele Jahrhunderte lang war es in Frankreich Brauch, bei Taufen *Dragées* zu verteilen. Felix Egrefeuil, ein Hersteller in Paris, ließ sich 1865 eine Puppe patentieren, die Mandeln und andere Süßigkeiten enthielt. Er nannte sie *Baptême*.
KÖRPERSTIL M2 (Seite 130).

*Auf dieser und der gegenüberliegenden Seite betrachtet jeweils eine Puppe ihre ebenso reichhaltige wie modische Garderobe von zirka 1863. Hier trägt sie nur ihre spitzenbesetzte Batistunterwäsche, ein Chenille-Haarband und hochhackige Schnürstiefel mit Quasten. Ihre zwei Ausgehgewänder sind vom selben Stil — das eine aus gemustertem Popeline mit Seidenbesatz, das andere aus mit Kordel verzierter gestreifter Seide. Jedes Modell hat ein taillenlanges glockiges Jäckchen, einen knöchellangen keilförmig zugeschnittenen Rock, mit Falten für zusätzliche Fülle am Rücken, und eine spitzenbesetzte Musselinbluse mit Biesen. Ihr seidenes Nachmittagskleid hat einen Gürtel mit herabhängenden zungenähnlichen Lappen. Das Kleid erhält besonderen Schwung durch ein Futter mit Steifleinen und zusätzlicher Einfassung am unteren Saum. Ähnliche Kleider sind in zeitgenössischen Modejournalen abgebildet. Unter den Accessoires sind Hauben mit hohen ovalen Krempen und wenigstens zwei Unterwäschesets, von keilförmig zugeschnittenen Petticoats mit Schleppe über Frisiermäntel bis zur Nachtmütze. Nur ein Nachthemd fehlt.*

MARKIERUNG Gravierung *E. Déposé B.* auf der Brustplatte (wahrscheinlich E. Barrois). GRÖSSE 41 cm. DATUM zirka 1860. KOPF Einbindekopf; dunkelgraue Glasaugen; durchstochene Ohren. KÖRPER Ledertorso und Beine mit Zwickeln an den Hüften; Leder-über-Holz-Knie und -Oberarme; Unterarme aus Biskuitporzellan; Kugelgelenke an Schultern und Knien.
KÖRPERSTIL M3 (Seite 130).

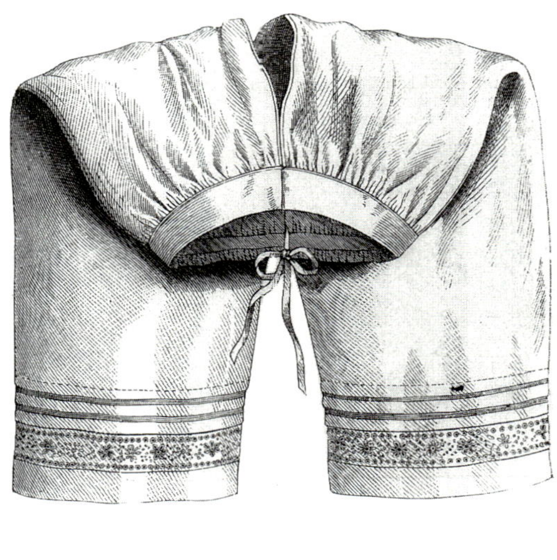

*Die an der Truhe knieende Puppe trägt ein weißes Baumwollhaarnetz und ein Hemd passend zu den geschlitzten Unterhosen aus einem ihrer zwei Unterwäschesets. Die andere Unterhose, ein keilförmig zugeschnittener Petticoat, eine Nachtmütze und eine Bluse sind an die Wand geheftet. Auf dem Ständer ist ihr Morgenkleid im fließenden untaillierten „Prinzeßschnitt", der in den Jahren 1862—1863 eingeführt und in den Mittsechzigern allgemein Mode wurde.*

*Vor ihr liegen ihre hochhackigen scharlachfarbenen Schnürstiefel. Sie haben ein Etikett auf der Sohle, wie auch ihr anderes Paar aus braunem Kalbleder. Über dem Truhenrand hängt das gehäkelte Kapuzencape, eine Haube und die Reisehandtasche (mit Drehverschluß, ausgeschlagen mit purpurrotem Leder), wie auch ein weißer „Fuchs", der zu einer späteren Ausstattung gehören könnte. Auf dem Boden liegen ihr Ridikül aus mit Glasperlen bestickter Seide, ihr Seidensonnenschirm mit Griff aus Bein, Stäben aus Walfischbein und Messingbeschlägen sowie ihr Fächer aus Bein mit blumenbemalten Seidenblättern.*

*Die Kinderschwester, die hier ihre Schützlinge zu Bett bringt, trägt eine Batistbluse, einen Rock mit gewebtem Waffelmuster und eine Latzschürze mit einem passenden durchbrochenen Rand. Ihr Ausgehkleid, das hier nicht zu sehen ist und von zirka 1865 stammt, ist aus einer Mischung aus Seide und Wolle mit feinem schwarzen Karo auf grauem Grund. Es besteht aus einer losen Jacke und einem knielangen Überrock, vorn glockenförmig, hinten gefältelt. Die Kanten sind zipfelig und mit karmesinroter Seide eingefaßt. Stücke desselben Bandes an blumenförmigen Milchglasknöpfen verzieren die Schultern. Der Unterrock hat einen tiefgefältelten Rüschenbesatz aus feiner scharlachroter Wolle, der am Saum hervorblitzt. Er wird gestützt durch die gefütterten Bänder auf dem darunter getragenen weißen Baumwoll-Petticoat. Die Stiefel sind aus schwarzem Satin und vorne zu schnüren.*

*Die Dame trägt ein schwarzes Samtoberteil und einen runden Filzhut aus den frühen 60er Jahren.*

*Die drei Puppen im Vordergrund können nicht als Modepuppen bezeichnet werden. Sie wurden eingefügt, um das Bild zu vervollständigen. Die Puppe, die hinter der Badewanne steht, ist 28 cm groß. Sie ist ganz aus Biskuitporzellan mit einem soliden Kurbelkopf sowie Gelenken an Hüften und Schultern. Die Puppe in der Badewanne ist 19 cm groß und ganz aus Biskuitporzellan. Sie hat eine 2 1/2 auf Kopf und Torso eingraviert. Das Drehgelenk in der Taille macht sie zu einer ziemlichen Rarität. Sie hat außerdem Gelenke an Schultern und Hüften und modellierte Socken und Schuhe. Die sitzende Puppe vor der Badewanne ist eine Charakterpuppe ganz aus Biskuitporzellan.*

DIE KINDERSCHWESTER
MARKIERUNG Blauer Rohmer-Stempel auf der Brust.
GRÖSSE 48 cm. KOPF Einbindekopf; blaue Glasaugen. KÖRPER Ganzleder mit Unterarmen aus Biskuitporzellan; Zwickel an Hüften; Leder-über-Holz-Zapfengelenke an den Schultern; Kugelgelenke an Ellbogen und Knien. Metallösen im Torso als Strumpfhalter.
KÖRPERSTIL Q3 (Seite 132).

DIE DAME
MARKIERUNG Gravierung *4* auf Schulter und Kopf (Typ F. Gaultier).
GRÖSSE 48 cm. KOPF Kurbelbrustkopf; blaßblaue Glasaugen; durchstochene Ohren. KÖRPER Ganzholz mit Zapfengelenken an Schultern, Ellbogen, Handgelenken, Hüften, Knien und Fußgelenken; Flanschgelenke an Taille und Mitte der Oberschenkel.
KÖRPERSTIL K1 (Seite 129).

KIND AUF DEM BETT
MARKIERUNG Gravierung *F.G.* auf dem oberen Hinterkopf.
GRÖSSE 30 cm. KOPF Kurbelbrustkopf; blaue Glasaugen; durchstochene Ohren. KÖRPER Seltener Köper-über-Holz-Körper mit Unterarmen und Unterschenkeln aus Biskuitporzellan; Zapfengelenke an Schultern, Ellbogen, Hüften und Knien.
KÖRPERSTIL B1 (Seite 124).

*Diese Dame führt in Begleitung ihres Kindes einen Barsoi aus. Sie trägt ein Sommerkleid von 1869—1870, das aus einem knielangen Überrock aus Taft besteht, verziert mit Spitzen und Borten. Er ist hinten gerafft und wird über einem gestreiften Musselin-Petticoat getragen. Das Schößchen ist rechteckig, fast wie eine Schürze. Möglicherweise hat einst eine Bluse den tiefen Halsausschnitt und die kurzen, weiten, Ärmel ausgefüllt. Sie trägt außerdem einen knapprandigen Strohhut.*

*Das Mädchen trägt ein mit Zopfborte besetztes, gestreiftes und geripptes Sommerkleid von zirka 1865. Das Überkleid, das einen keilförmig zugeschnittenen glockigen Rock hat, wird über einem roten Flanellunterkleid mit gezacktem Saum getragen. Es ist mit satiniertem Kattun gefüttert und erhält zusätzlichen Stand durch einen gestreiften Petticoat aus Steifleinen. Der breitkrempige aus Stroh geflochtene Matrosenhut paßt dazu. Die Puppe trägt vorn geschnürte beigefarbene Lederstiefel mit hohen Absätzen.*

DIE DAME
MARKIERUNG fehlt (möglicherweise Huret). GRÖSSE 43 cm.
DATUM zirka 1870. KOPF Einbindekopf; braune Glasaugen; durchstochene Ohren. KÖRPER Ganzleder mit Zwickeln an Ellbogen, Hüften und Knien.
KÖRPERSTIL A1 (Seite 124).

DAS KIND
MARKIERUNG fehlt (Typ Simonne). GRÖSSE 33 cm.
DATUM zirka 1870. KOPF Kurbelbrustkopf; blaue Glasaugen; durchstochene Ohren. KÖRPER Ganzleder mit Zwickeln an Hüften und Knien; Arme aus Biskuitporzellan mit Zapfengelenken an den Schultern.
KÖRPERSTIL C2 (Seite 125).

*Hinter der Chaiselongue steht eine Dame in einem Hauskleid aus bedruckter Baumwolle von zirka 1868. Die halbanliegende Jacke ist hüftlang. Der dazu passende Rock ist ziemlich voluminös geschnitten mit einer geraden Front und einem gerafften Rückteil. Er hat Rüschen am Saum. Die Säume der Jacke und der Manschetten haben einen gekräuselten Besatz. Die Puppe trägt eine Spitzenhaube.*

*Die Tochter trägt ein Überkleid aus feiner fester Wolle im Schottenkaro von etwa 1865 . Das voluminöse Kleid mit Doppelfalten und ein mit einer Schleife verzierter Samtbandgürtel werden über einer Baumwollbluse getragen. „Pinafore"-Röcke, wie dieser, waren in den Mittsechzigern eine ebenso übliche wie nützliche Mädchenbekleidung. Der Matrosenhut aus Stroh ist mit einem Band in Schottenkaro verziert. Die Schuhe aus schwarzem Lackleder werden mit einem Fußgelenkband geschnürt und sind mit einer Seidenrosette geschmückt. Die Handtasche aus rotem Leder ist rot gefüttert und mit Messingbeschlägen verziert. Sie hat Ringe und eine Schließe aus demselben Metall.*

DIE MUTTER
MARKIERUNG Gravierung *E. Déposé B.* auf der Brustplatte.
GRÖSSE 51 cm. KOPF feststehend; blaue Glasaugen; Perücke aus Schafwolle. KÖRPER rosa Leder von der Taille abwärts; rosa Lederarme; keine Zwickel; die obere Hälfte des Körpers ist Pappe.
KÖRPERSTIL F2 (Seite 126).

DIE TOCHTER
MARKIERUNG Gravierung *B.S.* auf der Brustplatte.
GRÖSSE 44 cm. KOPF feststehend; kobaltblaue Glasaugen.
KÖRPER Ganzholz mit Zapfengelenken an Schultern, Ellbogen, Hüften und Knien; Flanschgelenke an der Taille und in der Mitte der Oberschenkel.
KÖRPERSTIL O3 (Seite 131).

*Die linke Dame, die im Begriff ist, mit ihrer Begleiterin Tee zu trinken, trägt ein Ausgehkleid für den Strand von zirka 1878 aus feiner fester Wolle, mit Spitze verziert. Es hat ein enges Oberteil ohne Taillennaht mit Bandschleifen zur Kaschierung des Vorderverschlusses und ist knöchellang und im Rücken leicht gerafft. Die dazu passende ärmellose Jacke ist, um eine bessere Paßform zu erhalten, am Rücken mit eingesetzten Streifen versehen. Sie hat aufgesetzte Taschen, die wie die Schultern mit Bandschleifen verziert sind. Diese Ausstattung ist ein gutes Beispiel für die vergleichsweise bequemen Freizeit- und Sportkleider, die während der späten 70er Jahre populär wurden. Das lange Haar der Dame wird ordentlich von einem Netz gehalten, das oben am Kopf mit einem Seidenband befestigt ist. Ihre hochhackigen Zugstiefel sind aus schwarzem Leder mit Lackspitzen. Auf der Sohle sind die Markierungen* CC *und* 2 *eingeprägt. Zu ihrem kompletten Unterwäscheset gehört ein rosagefaßtes, rotbesticktes, weißes Korsett mit Beinstäben und Zwickeleinsatz.*

*Die Puppe rechts trägt ein Kleid, das erst kürzlich im Stil der Epoche aus Originalmaterial des 19. Jahrhunderts angefertigt wurde.*

*Das am Tisch befestigte Tischtuch ist mit handgemalten Rosen verziert. Die tiefgehefteten Polsterstühle aus blauer Seide sind aus der Sammlung von Jackie Jacobs.*

LINKE PUPPE
MARKIERUNG fehlt (Typ F. Galutier). GRÖSSE 37 cm.
DATUM zirka 1880. KOPF Kurbelbrustkopf; graue Glasaugen; durchstochene Ohren. KÖRPER Ganzleder mit Zwickeln an Ellbogen, Hüften und Knien.
KÖRPERSTIL A3 (Seite 124).

RECHTE PUPPE
MARKIERUNG Gravierung *Bru* auf der Brustplatte.
GRÖSSE 38 cm. KOPF Kurbelbrustkopf; blaue Glasaugen.
KÖRPER Ganzleder mit Zwickeln an Ellbogen, Hüften und Knien.
KÖRPERSTIL A3 (Seite 124).

*Die Braut, die hier in Gesellschaft von zwei Brautjungfern zu sehen ist, trägt ein Kleid von zirka 1875. Es ist aus Seidentaft und geschmückt mit besticktem Tüll und Orangenblüten. Sie hat ein diagonalgeschlossenes hüftlanges Jackenoberteil, besetzt mit Seidenknöpfen, das hinten an der Taille gefältelt und mit einer aufgesetzten Schleife verziert ist. Ihr Rock hat eine schürzenähnliche Drapierung, unter der breite Bänder den Bausch halten, der in einer langen Schleppe endet. Am Rand ist ein gekrauster Besatz mit zwei Rüschenreihen. Der Schleier ist aus besticktem Tüll. Ihre tief ausgeschnittenen Schuhe sind aus weißem Ziegenleder mit rosa Rosetten. Auf den Sohlen sind die Markierungen* CC *und* 4 *eingeprägt.*

*Eine interessante Besonderheit dieses Kleides ist die Turnüre, die aus rocklangen Falten aus appretiertem Tüll und einem kleinen Kissen aus Baumwollsatin besteht, das für zusätzliche Fülle an den Hüften sorgt.*

*Die Brautjungfer in der Mitte steckt in einem Sommer-Tageskleid von zirka 1868. Die Bluse mit Biesen hat halbweite Ärmel, die an den Ellbogen mit Rüschen verziert sind. Der Rock ist hinten, wo er an der Taille eng gerafft ist, sehr voluminös. Dieser Schnitt wird noch betont durch die als Besatz dienenden Rüschenbänder, die vorne vertikal verlaufen und hinten die Breite überbetonen. Um die Schultern hat sie einen passenden Umhang, der über der Brust gekreuzt und im Rücken gebunden ist. Ein interessantes Accessoire ist ihr Strumpfgürtel aus blauem Gummi mit vergoldeten Clips. Ihre hochhackigen Slipper sind aus weißem Satin mit Rosetten.*

*Die Brautjungfer rechts steckt in einem Organdy-Kleid von 1850—1855, das älter ist als die Puppe. Das Kleid hat ein langes spitz zulaufendes Oberteil, das hinten geschnürt wird, und einen doppelten Rock über Baumwollsatin. Das Oberteil ist vorn genau angepaßt. Über den Schultern verbergen Flügelchen fast die Ärmel, die bis zu den Ellbogen mit Rüschen besetzt sind. Passende Bandrosetten verzieren das Kleid an Schultern, Ellbogen und Handgelenken. Der Hut der Puppe datiert vermutlich aus der Jahrhundertwende.*

DIE BRAUT
MARKIERUNG fehlt (Typ Jumeau). GRÖSSE 44 cm.
DATUM zirka 1870. KOPF Kurbelbrustkopf; blaue Glasaugen; durchstochene Ohren. KÖRPER Ganzleder mit Zwickeln an Ellbogen, Hüften und Knien.
KÖRPERSTIL A1 (Seite 124).

MITTLERE BRAUTJUNGFER
MARKIERUNG Gravierung *B.S.* auf der Brustplatte.
GRÖSSE 44 cm. DATUM zirka 1860. KOPF feststehend; kobaltblaue Glasaugen. KÖRPER Leder-über-Holz mit Zapfengelenken an Schultern, Ellbogen, Hüften und Knien; Unterarme aus Biskuitporzellan.
KÖRPERSTIL O1 (Seite 131).

RECHTE BRAUTJUNGFER
MARKIERUNG Rotes Ladenetikett mit der Aufschrift *Remond Seur, rue Neuve de Champs* auf dem Torso (Typ Jumeau). GRÖSSE 41 cm.
KOPF Kurbelbrustkopf; blaue Glasaugen; durchstochene Ohren.
KÖRPER Ganzleder mit Zwickeln an Ellbogen und Hüften.
KÖRPERSTIL N3 (Seite 130).

*Vor den Brautjungfern im Hintergrund trägt die Braut ein Kleid aus den Mittachtzigern. Es ist aus gerippter Seide mit einem Besatz aus Spitzen und Orangenblüten. Das enganliegende Oberteil mit Stäben und Polstern wird hinten geschlossen. Der Rock ist vorn in Falten gelegt und darüber sitzt ein Überkleid. Die bauschige Form wird durch Bänder an der Innenseite, die bis zu einer rechteckig auslaufenden Schleppe reichen, reguliert. Das Unterkleid ist an einem seidenen Petticoat befestigt, der durch eine angenähte Turnüre aus gestärkter Baumwolle versteift wird. Der Spitzenschleier ist mit Orangenblüten aus Wachs dekoriert. Die hochhackigen weißen Satinschuhe sind tief ausgeschnitten und haben eine Schleife.*

*Der Bräutigam trägt einen kompletten Cutaway-Anzug aus dem späten 19. Jahrhundert. Sein plissiertes Hemd hat satinüberzogene Knöpfe. Dazu trägt er eine weiße Schleife um den Kragen und einen Zylinder aus Seidenplüsch.*

DIE BRAUT
MARKIERUNG Grüner Simonne-Stempel auf der Brust.
GRÖSSE 44 cm. DATUM zirka 1860. KOPF Kurbelbrustkopf; kobaltblaue Glasaugen. KÖRPER Leder-über-Holz mit Zapfengelenken an Schultern, Ellbogen, Hüften und Knien; Unterarme aus Biskuitporzellan.
KÖRPERSTIL O1 (Seite 131).

DER BRÄUTIGAM
MARKIERUNG fehlt. GRÖSSE 43 cm. KOPF Kurbelbrustkopf; kobaltblaue Glasaugen; durchstochene Ohren. KÖRPER rosa Ziegenleder; keine Zwickel; Fäustlingshände.
KÖRPERSTIL F1 (Seite 126).

*Weil sie eigenhändig mit ihrem Korsett nicht fertig wurde, suchte diese Dame Hilfe. Das Korsett ist aus blauem Baumwollköper, weiß gefüttert. Die Korsettstangen sind eng gesetzt. Geschlossen wird es hinten mit einer durch Metallösen gefädelten Schnur. Darunter kann man ihre Unterwäsche sehen, die aus spitzenbesetztem Batist der feinsten Qualität hergestellt ist. Die Paßform ihres Unterhemdes für die Abendgarderobe kann durch Knöpfe an den Schultern reguliert werden. Beim Tragen wurde es gewöhnlich in die passenden enganliegenden, knielangen Unterhosen mit offenem Zwickel gesteckt, die ein übliches Bekleidungsstück der Damen der 80er Jahre waren.*

*Der Ehemann trägt einen kompletten Gesellschaftsanzug, einen Cutaway aus feinem Tuch mit ungewöhnlich tiefgeschnittenen, satineingefaßten Revers und gerundeten Rockschössen. Seine kragenlose Weste ist aus weißem Satin und mit „Perlen"-Knöpfen zu schließen. Er hat ein Hemd mit steifer Brust und Perlenhemdknöpfen, einen Flügelkragen und eine weiße Schleife.*

*Das Bett im Stil des 19. Jahrhunderts ist 84 cm hoch, und das geschnitzte und gedrechselte Holz ist mit Blattgold verziert. Die Vorhänge aus reinem Seidenbrokat sind vollständig original.*

DIE DAME
MARKIERUNG Gravierung *R.C. Déposé* auf der Brustplatte (seltener Puppentyp). Eine Puppe dieses Typs ließ sich 1880 Rodiquet & Cordonnier patentieren. GRÖSSE 42 cm. KOPF Kurbelbrustkopf; blaue Glasaugen; durchstochene Ohren. KÖRPER Leder mit Armen und Unterschenkeln aus Biskuitporzellan; ein Arm gerade und einer gebogen; modellierter Busen; Löcher in den Fußsohlen für den Originalständer. (Diesen Puppentyp findet man gelegentlich mit zwei geraden oder zwei gebogenen Armen; ebenso mit modellierten Schuhen.)
KÖRPERSTIL C3 (Seite 125).

DER EHEMANN
MARKIERUNG fehlt. GRÖSSE 46 cm. KOPF Kurbelbrustkopf; kobaltblaue Glasaugen; durchstochene Ohren. KÖRPER Leder-über Holz mit Unterarmen und Unterschenkeln aus Buiskuitporzellan; Zapfengelenke an Schultern, Ellbogen, Hüften und Knien.
KÖRPERSTIL G3 (Seite 127).

*Die elegante Dame, die sich hier auf einer Couch zurücklehnt, trägt ein spitzenbesetztes Kleid aus feiner Wolle von zirka 1868. Es hat ein kurzes enganliegendes Oberteil mit weiten ellbogenlangen Trompetenärmeln, die in längeren rechteckigen Enden auslaufen. Der passende Rock ist hinten dicht gefältelt und außerdem von Hüfte bis Saum mit Spitzen besetzt. Die Haube datiert aus den 80er Jahren, wie wohl auch der Federfächer mit Holzstäbchen. Zur Vervollständigung des Ensembles trägt die Puppe Teile eines Schmucksets aus „Perlen und Saphiren", bestehend aus einer Brosche, Ohrringen, einer Uhr, einer Haarnadel und einer Kette mit Anhänger.*

MARKIERUNG fehlt (Typ Bru). GRÖSSE 58 cm. KOPF Kurbelbrustkopf; blaue Glasaugen mit modellierten Unterlidern; durchstochene Ohren. KÖRPER Ganzleder; keine Zwickel; einzelne Zehen. KÖRPERSTIL E1 (Seite 126), aber ohne Zwickel.

*Die Puppe mit dem Apfel trägt ein einfaches Sommerkleid aus kariertem Musselin von etwa 1865.*

*Die andere Puppe hat ein Sommer-Tageskleid aus bedruckter Baumwolle von 1868—1870, besetzt mit weißen Spitzen. Die knielange Jacke ist am Rücken in Falten gelegt, der Rock hinten gerafft. Der ebenfalls gekrauste Baumwollhut ist späteren Datums, etwa um 1900. Eine Taschenuhr mit „emaillierter" Rückseite ist am Kleid angesteckt.*

PUPPE MIT APFEL
MARKIERUNG fehlt; Jumeau zugeschrieben. GRÖSSE 51 cm.
KOPF Kurbelbrustkopf; blaue Glasaugen; durchstochene Ohren.
KÖRPER Ganzholz mit Zapfengelenken an Schultern, Ellbogen, Hüften und Knien; Flanschgelenke in der Mitte der Oberarme und Oberschenkel; Hände aus Biskuitporzellan. KÖRPERSTIL K2, aber mit Händen aus Biskuitporzellan (Seite 129). *(Jackie Jacobs).*

PUPPE RECHTS
MARKIERUNG fehlt; Jumeau zugeschrieben. GRÖSSE 55 cm.
KOPF Kurbelbrustkopf; blaue Glasaugen; durchstochene Ohren (manchmal mit angesetzten Ohren).
KÖRPER Ganzleder mit Zwickeln an Ellbogen, Hüften und Knien; einzeln abgenähte Zehen. KÖRPERSTIL E1 (Seite 126).

*Um eine ältere Verwandte ein wenig in der frischen Luft auszufahren, trägt diese Dame ein Promenierkleid von zirka 1880. Es ist aus spitzenbesetztem Samt und besteht aus einer enganliegenden Jacke mit gerafften Schössen, die von Hals bis Hüfte mit enggesetzten runden Glasknöpfen geschlossen wird. Der Rock aus demselben Stoff hat eine Front mit Doppelfalten und eine kurze Schleppe, die mit einem gekräuselten Band besetzt ist und eine geraffte und gebauschte Drapierung hat. Passende Satinschleifen verzieren den Rücken der Jacke und die Schleppe. Der gefältelte Musselinhut ist mit einer Straußenfeder im selben Ton geschmückt. Der weiße „Fuchs"-Pelz und „Hermelin"-Muff dürften ein wenig jünger sein. Die Unterkleidung ist aus den 80er Jahren und besteht unter anderem aus einem Petticoat mit einer Turnüre, die über zwei Reihen spitzenbesetzter, gefältelter Musselinrüschen sitzt. Die hochhackigen, seitlich geschlossenen Stiefel sind aus bronzefarbenem Ziegenleder. In die Sohlen ist die Ziffer 5 eingeprägt.*

*Im Rollstuhl, der aus der Sammlung von Jackie Jacobs stammt, sitzt eine deutsche Charakterpuppe.*

MARKIERUNG Gravierung *L. Déposé 4 D* auf der Brustplatte. GRÖSSE 47 cm. DATUM zirka 1870. KOPF Kurbelbrustkopf; blaue mandelförmige Glasaugen; durchstochene Ohren. KÖRPER Ganzleder mit Zwickeln an Hüften und Knien; Arme aus Biskuitporzellan mit Zapfengelenken an den Schultern.
KÖRPERSTIL C2 (Seite 125).

*Die Puppe links in ihrem gestreiften Seidenkleid von zirka 1876 mit einer langen mit Metallknöpfen zu schließenden Jacke, ist ausgehfertig zum Pferderennen. Ihr modisch geschnittener Rock mit Schürzendrapierung an der Vorderseite wird am kompliziert gerafften Rücken mit einer großen blauen Schleife asymmetrisch abgefangen. Der Rücken geht über in eine kurze Schleppe, die von zwei gerafften blauen Bändern eingerahmt wird. Die hochhackigen Stiefel werden mit Doppelknöpfen und Schlingen vorn geschlossen. Zur Komplettierung ihres Ensembles trägt sie ein vergoldetes Metall-Lorgnette, das an einer Brosche hängt, und einen schwarzen Baumwollregenschirm mit Metallstäben. Der Hut aus Seidensamt könnte sehr wohl späteren Datums sein.*

*Die andere Puppe trägt ein modisch-enges Kleid von zirka 1878 und eine Strohhaube. Außerdem hat sie einen mit Fransen besetzten Sonnenschirm aus derselben Epoche.*

LINKE PUPPE
MARKIERUNG fehlt (Typ Jumeau). GRÖSSE 46 cm.
KOPF Kurbelbrustkopf; blaue Glasaugen; durchstochene Ohren.
KÖRPER Leder-über-Holz mit Unterarmen und Unterschenkeln aus Biskuitporzellan; Zapfengelenke an Schultern, Ellbogen, Hüften und Knien.
KÖRPERSTIL G3 (Seite 127). *(Jackie Jacobs)*

RECHTE PUPPE
MARKIERUNG Gravierung *F.G.* auf der Brustplatte und *4* auf Hinterkopf und Schulter. GRÖSSE 47 cm. KOPF Kurbelbrustkopf; blaue Glasaugen; durchstochene Ohren. KÖRPER Ganzholz; Zapfengelenke an Schultern, Ellbogen, Hüften und Knien; Kugelgelenke an den Handgelenken; Flanschgelenke in der Mitte der Oberarme und Oberschenkel.
KÖRPERSTIL P3 (Seite 131).

*In einem Hofkleid oder formellen Ballkleid von etwa 1865 steht diese Dame vor einer Sänfte und wartet darauf, zum Ball gebracht zu werden. Das Oberteil mit seinen glockenförmigen Schulterstücken und die Schleppe sind aus gerippter Seide, die mit Seidenkordel verziert ist. Die Vorderseite ist mit gerafften Tüllbändern bedeckt, die rautenförmig angeordnet und mit Perlen und blauen Satinschleifen besetzt sind. Das hinten geschnürte Kleid ist mit weißer Seide gefüttert und an den Kanten mit gefältelter Rüsche besetzt.*

*Ein interessantes Accessoire sind die Seidenstrümpfe der Puppe, die bis zu den Oberschenkeln reichen und von der Wade bis zum Rist ein Spitzenmuster haben. Die Strumpfhalter sind aus blauem Seidenband. Die Puppe trägt weiße hochhackige Hofschuhe aus Satin mit blauen und weißen Bänderrüschen.*

MARKIERUNG Rohmer; ovaler grüner Stempel auf dem Torso.
GRÖSSE 46 cm. KOPF Einbindekopf; blaue Glasaugen. KÖRPER Ganzleder mit Zwickeln an den Hüften; Zapfengelenke an den Schultern; Leder-über-Holz-Kugelgelenke an den Knien; zwei Ösen mit Stoffbändern im Torso als Strumpfhalter.
KÖRPERSTIL L2 (Seite 129). *(Elsie Potter)*

*Das Kind, das vor seiner Mutter auf einem Stuhl steht, steckt in einem gestreiften Mantelkleid aus Seide aus den Mittachtzigern. Dieses hat hinten Rüschen und Taschen an den Hüften. Es war offensichtlich für den Winter gedacht, weil es wattiert ist und einen verstellbaren Kragen aus geraffter Seide hat.*

*Die Mutter an ihrer Seite trägt ein Sommerkleid von zirka 1868 aus weißem Musselin mit einem einfachen Oberteil und glockenförmigen Armmanschetten. Der Rock ist vorn glatt, aber hinten gerafft und fließt in eine kurze Schleppe über. Diese modische Linie wird unterstützt durch einen halblangen Turnüren-Petticoat aus steifem, gefälteltem Musselin. Sie trägt außerdem einen Seidenumhang aus derselben Zeit. Dazu hat sie einen mit Blumen bemalten Fächer aus Bein und Seide.*

DAS KIND
MARKIERUNG Gravierung *F.G.* hinten am Scheitel.
GRÖSSE 30 cm. KOPF Kurbelbrustkopf; blaue Glasaugen; durchstochene Ohren. KÖRPER Köper-über-Holz; Unterarme und Unterschenkel aus Biskuitporzellan; Zapfengelenke an Schultern, Ellbogen, Hüften und Knien.
KÖRPERSTIL B1 (Seite 124).

DIE MUTTER
MARKIERUNG Quadratischer grüner Ladenstempel mit der Inschrift *A la Poupée de Nuremberg, Lavallée Peronne, 21 rue Choiseul, Paris.*
GRÖSSE 43 cm. KOPF Kurbelbrustkopf; blaßblaue Glasaugen; durchstochene Ohren. KÖRPER Ganzleder; Unterarme aus Biskuitporzellan; Leder-über-Holz-Zapfengelenke an Schultern und Ellbogen.
KÖRPERSTIL J2, Arme jedoch K3 (Seite 129). *(Elsie Potter)*

*Der Guttapercha-Körper dieser Puppe trägt einen Huret-Stempel. Sie hat einen Kurbelbrustkopf aus Biskuitporzellan mit gemalten Augen und der Körper hat Zapfengelenke an Ellbogen, Hüften und Knien. Die kleine Puppe, die auch auf der Seite 111 zu sehen ist, ist 28 cm groß und vom Typ Huret.* (Jackie Jacobs).

*Dieses stattliche Paar trägt Kleider, die nicht aus derselben Zeit stammen. Die Dame steckt in einem modischen Kleid von 1863 bis 1865 mit einem dreieckigen „Schweizer" Taillenband und einer Schleife im Rücken, einem tief ausgeschnittenen Kragen und Puffärmeln mit Spitzenbesatz. Der Rock hat breite zweifache Doppelfalten, die so weit sind, daß sie von einem Krinolinen-Petticoat aus gemusterter Baumwolle, verstärkt mit Rohr- oder Drahtreifen, gestützt werden müssen. Die Unterwäsche besteht außerdem aus einer weiten, dicht gerafften, geschlitzten Unterhose, deren Fülle charakteristisch ist für die 60er Jahre. Die vorn geschnürten Stiefel sind aus einem Leder, das farblich zum Kleid paßt. Der Schmuck und die Haardekoration — nicht aber der Fächer — sind aus einer späteren Epoche.*

*Der Herr ist im Stil der 70er Jahre gekleidet. Er trägt einen bodenlangen wollenen Morgenmantel mit angesetztem Cape und seidengefütterter Kapuze. Dieser ist mit seidenbezogenen Knöpfen zu schließen. Sein Nachthemd aus weißer Baumwolle reicht bis zu den Knöcheln, und der hohe Kragen, die langen, geraden Ärmel und die über die ganze Länge gehende Knopfleiste sind mit Stickerei eingefaßt.*

*Zur Ausstattung gehören auch knielange geschlitzte Unterhosen aus Baumwolle, gerippte braune Strümpfe und vorn geschnürte braune Lederschuhe. Der Stil des Hemdes hat sich nicht durchgesetzt: Es ist aus bedruckter Baumwolle mit wechselnden Streifen von Punkten und Blumenranken. Es hat einen plissierten Vorderkragen und wird mit kleinen Perlenknöpfen geschlossen.*

DIE DAME
MARKIERUNG Gravierung *H.* oben am Hinterkopf.
GRÖSSE 48 cm. KOPF Kurbelbrustkopf; blaue Glasaugen; durchstochene Ohren. KÖRPER Ganzleder mit Zwickeln an Hüften und Knien; Holzarme mit Zapfengelenken an Schultern, Ellbogen und Handgelenken.
KÖRPERSTIL O2 (Seite 131). *(Jackie Jacobs)*

DER HERR
MARKIERUNG Gravierung *J. Déposé* vorn am Scheitel; Bru zugeschrieben.
GRÖSSE 58 cm. KOPF Kurbelbrustkopf; braune Glasaugen.
KÖRPER Ganzleder mit Zwickeln an Ellbogen, Hüften und Knien; einzeln abgenähte Zehen.
KÖRPERSTIL E1 (Seite 126).

*Diese Puppe, umringt von ihren Hunden, trägt ein Ausgehkleid von zirka 1880, dessen enganliegende Linie durch einen Besatz aus gestreifter Seide betont wird. Das Oberteil schmiegt sich eng dem Körper an, und der Überrock ist vorn gerafft und hinten mit Einsatzstreifen verziert. Die fließende Linie, die so charakteristisch ist für die 80er Jahre, wird durch Schleifen verschönert. Die knappsitzende Haube mit künstlichen Blumen ist aus derselben Zeit.*

MARKIERUNG Gravierung *F.G.* auf der Brustplatte und *4* auf Hinterkopf und Schulter. GRÖSSE 47 cm. KOPF Kurbelbrustkopf; blaue Glasaugen; durchstochene Ohren. KÖRPER Ganzholz; Zapfengelenke an Schultern, Ellbogen, Hüften und Knien; Kugelgelenke an den Handgelenken; Flanschgelenke in der Mitte der Oberarme und Oberschenkel. KÖRPERSTIL P3 (Seite 131).

*Das Kind auf der Fotografie (links oben) könnte sehr wohl der ursprüngliche Besitzer dieser Puppe gewesen sein, denn sein Kleid ist eine Kopie von dem der Puppe. Die „Carte de visite" (Seite 91) stammt mit großer Sicherheit aus der Zeit, in der die Puppe gekauft wurde. Obwohl die darauf abgebildete Puppe eine andere ist, ist ihre Robe identisch — ein ziemlich schlüssiger Beweis dafür, daß es sich um ein Originalkleid handelt.*

*Die Puppe trägt ein sehr modisches Ausgehkleid von zirka 1865. Es ist aus Seide in Atlas und Rips, und die Kanten sind mit Goldlitze auf roter Seide sowie mit Goldlitze verzierten Kugeln geschmückt. Der untere Saum ist zwei Meter lang. Das Oberteil ist hochgeschlossen und hat lange Ärmel. Darüber wird die lose Jacke mit ihren sehr weiten Trompetenärmeln getragen. Die passende Haube mit ihrem hohen ovalen Rand ist aus maschineller Spitze gemacht und mit künstlichen Blumen und Glasperlen verziert. Die Puppe trägt einen Sonnenschirm und einen mit Blumen bemalten Fächer aus Bein und Seide. Diese Puppe ist auch auf den Seiten 30—31 zu sehen.*

MARKIERUNG fehlt, aber eine sehr seltene Gußform.
GRÖSSE 48 cm. DATUM zirka 1865. KOPF Kurbelbrustkopf; kobaltblaue Glasaugen; durchstochene Ohren. KÖRPER Leder-über-Holz mit Zapfengelenken an Schultern, Ellbogen, Hüften und Knien; Unterarme aus Biskuitporzellan; modellierter Busen wie bei C3. Dieser Körpertyp hat manchmal auch Arme wie C3.
KÖRPERSTIL O1 (Seite 131).

*In ziemlich strenger Pose stehen diese beiden Puppen vor einer Vase mit weißen Blumen. Beide tragen Krinolinen von zirka 1868. Die Dame links steckt in einem Kleid aus derselben Zeit aus gestreifter Seide mit Spitzenbesatz. Es besteht aus einem hüftlangen Jackenoberteil und einem Überrock aus schräggeschnittenen Einsätzen, der hinten drapiert und gefältelt ist. Der Unterrock in ähnlichem Schnitt ist steif gefüttert. Der passende Hut ist ein drahtverstärktes Tüllkrönchen mit Glasperlen. Die hochhackigen Stiefel aus bronzefarbenem Ziegenleder haben elastische Zwickel.*

*Die Dame rechts trägt ein Promenierkleid von 1867—1868. Es hat ein Oberteil und einen drapierten Überrock aus mit Satin eingefaßter gemusterter Seide. Der Überrock ist an beiden Seiten geschlitzt und gerafft, und wird durch geknöpfte Bänder zusammengehalten. Der Unterrock ist aus gestreifter Moiréseide und hinten gerafft. Die flachen Stiefel aus bronzefarbenem Ziegenleder sind mit Knöpfen geschlossen und oben mit Troddeln verziert. In den Sohlen die Markierungen* 4 *und* BEAUDELOT A PARIS *eingeprägt. Der Hut könnte aus späterer Zeit sein.*

LINKE PUPPE
MARKIERUNG Simonne-Stempel auf der Brust mit der Adresse *rue de Rivoli 188.* GRÖSSE 46 cm. KOPF Einbindekopf; kobaltblaue Glasaugen; durchstochene Ohren. KÖRPER Ganzleder mit Zwickeln an Hüften und Knien; Arme aus Biskuitporzellan.
KÖRPERSTIL J2 (Seite 128). *(Elsie Potter)*

RECHTE PUPPE
MARKIERUNG Huret-Stempel auf der Brust mit der Adresse *Boulevard Montmartre 22.* GRÖSSE 39 cm. KOPF feststehend; gemalte blaue Augen; durchstochene Ohren. KÖRPER Guttapercha; Zapfengelenke an Schultern, Hüften und Knien.
KÖRPERSTIL H2 (Seite 127). *(Elsie Potter)*

*Zwei Mädchen stehen vor einer Auswahl von Puppenhüten aus dem späten 19. und frühen 20. Jahrhundert. Das Linke trägt ein Jungmädchenkleid aus bedruckter Baumwolle von zirka 1865 mit kurzen Puffärmeln und einem wadenlangen gerafften Rock, dessen Fülle noch betont wird durch eine doppelte Rüschenreihe. Ihr Strohhut datiert aus den 80er Jahren.*

*Die andere Puppe trägt eine sommerliche Tagesausstattung von etwa 1865 aus Seidengaze (Seide in Dreherbindung) mit eingewebten Streifen, die mit in Falten gelegtem Seidenband eingefaßt ist. Die untaillierte Jacke hat weite gerade Ärmel und fällt glockenförmig von den Schultern zu den Hüften. Der dazu passende Rock ist keilförmig zugeschnitten und seine Fülle ist am Rücken gerafft. Die Bluse aus derselben Zeit ist aus Spitze mit Tülleinsatz. Sie ist vorn durchgehend mit baumwollbezogenen Knöpfen zu schließen und hat Perlenknöpfe an den Manschetten der langen Ärmel. Ihr kleiner Hut mit aufgerolltem Rand ist aus derselben Zeit. Ihre Schuhe aus rotem Saffianleder sind vorn eckig und mit passenden Bändern besetzt.*

*Der hier gezeigte Stuhl ist mit* Huret *gestempelt; von Leopold Huret weiß man, daß er seit 1850 mit Puppenmöbeln handelte.*

LINKE PUPPE
MARKIERUNG Gravierung *Huret, 56 rue de la Boet* auf dem Rücken des Torsos. GRÖSSE 43 cm. KOPF Kurbelbrustkopf; blaue Glasaugen; diese Puppe hat keine Brustplatte aus Biskuitporzellan; der Kopf ist direkt am Körper befestigt. KÖRPER Ganzmetall mit Kugelgelenken an Schultern, Ellbogen, Handgelenken, Taille, Hüften und Knien.
KÖRPERSTIL H3 (Seite 127). *(Elsie Potter)*

RECHTE PUPPE
MARKIERUNG fehlt; Huret zugeschrieben. GRÖSSE 43 cm.
KOPF Kurbelbrustkopf; blaue Glasaugen. KÖRPER Ganzholz mit Zapfengelenken an Schultern, Ellbogen, Handgelenken, Hüften, Knien und Fußgelenken; Flanschgelenke in der Taille und in der Mitte der Oberschenkel.
KÖRPERSTIL L1 (Seite 129). *(Elsie Potter)*

*Diese Puppe posiert im Wintergarten in einem spitzenbesetzten Musselinkleid von zirka 1868. Ihre Robe hat ein Jackenoberteil und einen Überrock mit gerafftem Hinterteil über einem tiefgeschnittenen Unterkleid mit einem doppelten Rock. Sie trägt einen mit Rosen und Vergißmeinnicht bemalten Fächer aus Elfenbeinimitation sowie einen Sonnenschirm aus etwa derselben Zeit mit einem Baumwollsatinbezug, einem Messingknopf mit eingeprägtem Sternmuster und Metallstäben.*

MARKIERUNG Gravierung *E.B.* auf der Brustplatte.
GRÖSSE 39 cm. KOPF feststehend; gemalte blaue Augen; durchstochene Ohren. KÖRPER Ganzleder; keine Zwickel.
KÖRPERSTIL F1 (Seite 126).

*Die linke Puppe, die sich mit einem Sonnenschirm schützt, trägt ein Sommerausgehkleid von etwa 1875. Es ist aus gestärkter Baumwolle, besetzt mit Borten in Weißstickerei und spitzenbesetzten Pliseebändern. Das Jackenoberteil ist hüftlang und der Überrock hinten gerafft. Der in die Stirn gerückte Hut aus gerippter Seide ist mit künstlichen Blumen geschmückt. Der Sonnenschirm, der etwa aus derselben Zeit stammt wie die Garderobe, hat einen seidenen Bezug, einen gedrechselten Griff aus einer elfenbeinartigen Substanz und Stäbe aus Walfischbein.*

*Die Puppe rechts wird auch auf den Seiten 102—103 gezeigt. Dort werden auch Details ihrer Robe und ihres Körperstils genannt.*

MARKIERUNG Gravierung *4* auf Hals und Schulter.
GRÖSSE 43 cm. KOPF Kurbelbrustkopf; blaue Glasaugen; durchstochene Ohren. KÖRPER Gepreßtes Leder; Zapfengelenke an Schultern, Ellbogen, Hüften und Knien; ein seltener Körpertyp, den sich 1866 V. Clément patentieren ließ.
KÖRPERSTIL G2 (Seite 127).

*Diese beiden Puppen tragen nicht nur kontrastierende Farben, sie repräsentieren auch im Stil ihrer Ausstattungen einen Unterschied von dreißig Jahren. Das Kind ist als ein Mädchen aus den Mittachtzigern gekleidet. Sein knielanger Satinmantel im Prinzeßschnitt wird von Bändern über der Brust gehalten und über einem passenden Unterkleid getragen. Die Strümpfe sind aus dazu passender Seide und die flachen bronzefarbenen Ziegenlederschuhe sind mit Knöchelbändern zu schließen und haben Stahlrosetten. Zur Ausstattung gehören auch zwei Hüte — eine passende Plüschhaube mit einem hohen geschwungenen Rand und ein Sommerstrohhut mit einer mittelbreiten Krempe, eingefaßt mit pflaumenfarbenem Satin und einem Seidenband.*

*Die Dame trägt eine Samtjacke aus den späten 50er Jahren. Diese ist enganliegend, aber glockig um die Hüften und hat weite Ärmel. Sie hat einen passenden Glasperlensaum, ist mit applizierten Motiven aus Seide und mit Gagat verziert und mit Haken und Ösen zu schließen. Dazu trägt die Puppe eine Satinhaube im Stil der 90er Jahre mit einer Straußenfeder. Auf ihrem Lederrücken steht ein Teil der Geschichte ihrer Besitzer:* „Marie geschenkt an K.C.B. 1869. Geliehen an P.C.B. später D.M.M. im Jahre 1899 & K.J.M. im Jahre 1906. P.K.M. 1925. B.W.M. 1940.“

DAS KIND
MARKIERUNG Blauer ovaler Ladenstempel von Rohmer auf dem Körper. GRÖSSE 44 cm. KOPF Einbindekopf; blaue gemalte Augen. KÖRPER Ganzleder mit Armen aus Biskuitporzellan; Zapfengelenke an den Schultern; Leder-über-Holz-Kugelgelenke an den Knien; Zwickel an den Hüften; Ösen im Torso für Strumpfbänder. KÖRPERSTIL L2 (Seite 129).

DIE DAME
MARKIERUNG Blauer ovaler Ladenstempel von Rohmer auf dem Körper. GRÖSSE 47 cm. KOPF Kurbelbrustkopf; blaue Glasaugen; durchstochene Ohren. KÖRPER Ganzleder mit Unterarmen aus Biskuitporzellan; Zwickel an den Hüften; Zapfengelenke an den Schultern; Leder-über-Holz-Kugelgelenke an Ellbogen und Knien. KÖRPERSTIL Q3 (Seite 132).

TENNYSON'S POEMS

*Die beiden Damen, die hier im Begriff sind, zusammen Tee zu trinken, tragen Promenierkleider. Die Puppe links steckt in einem Kleid aus den späten 70er Jahren. Es hat ein vorn zu schließendes, korsettartiges, enges Oberteil mit langen eckigen Schößen und einem Band an der tiefen Hüftlinie sowie eine geraffte, gebauschte, eckig endende Schleppe. Die Spitzen auf dem Rock korrespondieren mit denen auf dem Petticoat und den flachen Satinschuhen. Der Satinhut ist drahtverstärkt und mit rosa- und purpurfarbenen Blumen geschmückt.*

*Die Puppe rechts trägt ein einteiliges, enganliegendes Promenierkleid aus feiner Wolle, das an der tiefen Hüftlinie mit gerafften Rüschen dekoriert ist. Geraffte und in Falten gelegte Blenden schmücken den Rock mit der langen Schleppe. Sowohl vorn wie hinten laufen Reihen von satinbezogenen Knöpfen von Hals bis Taille am Oberteil entlang. Knopfbesatz, der den Rücken des Oberteils aufwertete, war eine Besonderheit der Mode der 70er Jahre. Der Hut, der aus den frühen 70er Jahren stammt, ist mit Federn besetzt. Diese Puppe ist mit denselben Kleidern auch auf Seite 99 zu sehen.*

LINKE PUPPE
MARKIERUNG Gravierung *F.G.* auf der Brustplatte.
GRÖSSE 46 cm. KOPF Kurbelbrustkopf; blaßblaue Glausaugen; durchstochene Ohren. KÖRPER Ganzleder; keine Zwickel.
KÖRPERSTIL N2 (Seite 130).

RECHTE PUPPE
MARKIERUNG Signum *Rochard* auf der Innenseite der Brustplatte; patentiert 1868. GRÖSSE 44 cm. KOPF Kurbelbrustkopf; blaue Glasaugen; durchstochene Ohren. KÖRPER Ganzleder mit Unterarmen aus Biskuitporzellan; Zwickel an Ellbogen; Hüften und Knien; Glaseinsatz auf der vorderen Brustplatte.
KÖRPERSTIL I2 (Seite 128). *(Elsie Potter)*

*Dieses Paar, das vor dem Regen Schutz sucht, trägt Garderoben aus den 80er Jahren. Die Promenierkleidung der Frau ist aus gemustertem Samt und mit Pelz besetzt. Die enganliegende hüftlange Jacke wird über einem Rock getragen, der offen ist, um den in Falten gelegten Satinunterrock zu zeigen. Ihr Hut ist aus passendem Samt. Die Handtasche aus Saffianleder mit vergoldeter Schließe und Zierrat sowie der Regenschirm mit seinem gedrechselten Griff aus Bein, datieren aus den 70er Jahren.*

*Der formelle Anzug des Mannes aus den 80er Jahren ist aus feinstem, weichstem Tuch. Der Zweireiher ist mit vier Knöpfen zu schließen und hat eckig auslaufende Schöße. Seine Hosen werden in der Mitte am Schlitz geknöpft. Die gestärkte Hemdbrust ist aus feinem Batist und mit Porzellanknöpfen zu schließen. Seine Weste ist aus Baumwollrips und hat einen Schalkragen. Die Fliege ist aus einem schwarzen Satinband. Der Hut ist aus Seidenplüsch. Der vermutlich aus den 80er Jahren stammende Regenschirm hat einen Bezug aus Baumwollköper, einen gebeizten, gebogenen Holzgriff und Metallstäbe. Die Stiefel jedoch sind die einer Dame aus jener Epoche: braunes Leder mit hohen Absätzen und Seitenverschluß.*

DIE FRAU
MARKIERUNG Gravierung *E* auf Kopf und Schultern; wahrscheinlich eine „lächelnde" Bru. GRÖSSE 38 cm. KOPF Kurbelbrustkopf; blaue Glasaugen; durchstochene Ohren. KÖRPER Ganzholz; Zapfengelenke an Schultern, Ellbogen, Handgelenken, Knien und Fußgelenken; Kugelgelenk in der Taille.
KÖRPERSTIL E2 (Seite 126). *(Richard Wright)*

DER MANN
MARKIERUNG Gravierung *F* auf Hinterkopf und Schultern; wahrscheinlich eine „lächelnde" Bru. GRÖSSE 46 cm. KOPF Kurbelbrustkopf; blaue Glasaugen; durchstochene Ohren. KÖRPER Ganzleder mit Zwickeln an Hüften und Knien; Holzarme mit Zapfengelenken an Schultern, Ellbogen und Handgelenken.
KÖRPERSTIL O2 (Seite 131).

*Zwei braungekleidete Damen beobachten ein kleines Kind, das bei Kerzenlicht in einem Buch blättert. Die Puppe links trägt ein einfaches Ausgehkleid aus den späten 60er Jahren. Es ist aus einer Mischung von Seidenrips und Wolle gemacht und mit Samt besetzt und eingefaßt. Die Knöpfe sind aus Glas-„Gagat". Das Kleid besteht aus einem Jackenoberteil mit drapiertem Überrock und einem Unterrock aus altem Seidenmoiré, der vorn glatt und hinten gefältelt ist. Der Matrosenhut aus Stroh ist mit Blumen geschmückt und mit gekrauster Seide eingefaßt. Die hochhackigen Schuhe aus bronzefarbenem Ziegenleder sind insofern ungewöhnlich, als sie ein elastisches Knöchelband mit Ösen und eine Messingschnalle haben.*

*Die Puppe rechts trägt eine seidene, spitzenbesetzte Jacke und einen Rock aus den Mittsechzigern. Die Jacke ist figurbetont geschnitten und der Rock in Doppelfalten gelegt. Die Puppe trägt ein Kapotthütchen mit Flatterbändern. Die vorn geschnürten Stiefel sind aus braunem Leder und haben flache Absätze.*

*Mit diesem Modell soll ein Vorläufer der Puppen mit Biskuitporzellan gezeigt werden.*

LINKE PUPPE
MARKIERUNG Gravierung *E.B.* auf der Brustplatte.
GRÖSSE 37 cm. KOPF Kurbelbrustkopf; kobaltblaue Glasaugen; durchstochene Ohren. KÖRPER Ganzleder mit Zwickeln an Ellbogen, Hüften und Knien.
KÖRPERSTIL A1 (Seite 124). *(Elsie Potter)*

RECHTE PUPPE
MARKIERUNG fehlt; Typ Rohmer. GRÖSSE 46 cm. KOPF feststehend; glasiertes Porzellan; kobaltblaue Glasaugen. KÖRPER Ganzleder mit Zwickeln an Ellbogen, Hüften und Knien.
KÖRPERSTIL A1 (Seite 124).

Aiguilles

*Diese Puppe, die bewundernd auf ihr eigenes Spiegelbild blickt, steckt in einem Kleid aus maschineller Spitze über Seide im Stil der 80er Jahre. Ein interessanter Bestandteil dieser Ausstattung sind die seitlich geknöpften Stiefel aus rosa Ziegenleder mit Silberschnallen. Auf den Sohlen sind die Markierungen* 50 *und* AP MODES de PARIS *eingeprägt. Das Schmuckset aus „vergoldet gefaßter Koralle“ datiert aus den späten Sechzigern und besteht aus Ohrringen, einem Paar Armbändern, zwei Ketten für die Haare, einem dekorativen Kamm und einer Uhr an einer langen vergoldeten Kette, auf dem Zifferblatt mit* Paris *markiert. Außerdem hat die Puppe eine Halskette mit Anhänger und einem ägyptisch anmutenden Mittelstück.*

MARKIERUNG Gravierung *L. Déposé D.* auf der Brustplatte.
GRÖSSE 47 cm. KOPF Kurbelbrustkopf; gemalte blaue Augen.
KÖRPER Ganzleder mit Zwickeln an Ellbogen, Hüften und Knien.
KÖRPERSTIL A1 (Seite 124).

*Der zwiebelförmige Hals dieser Puppe ist typisch für Huret. Die Unterarme sind aus Biskuitporzellan, und es gibt Zapfengelenke an Schultern und Ellbogen und Zwickel an den Hüften. An den Knien sind Ziegenleder-über-Holz-Kugelgelenke. Der Körper dieser Puppe ist in der Tat jenem Rohmer-Körper sehr ähnlich, der auf Seite 129 gezeigt wird.* (Jackie Jacobs)

*Diese unmarkierte Puppe vom Typ Bru ist 41 cm groß. Sie hat einen Kurbelbrustkopf aus Biskuitporzellan. Der Körper ist aus Leder mit Zwickeln an Hüften und Knien. Aber die Arme sind aus Holz und haben Zapfengelenke an Schultern, Ellbogen und Handgelenken.* (Jackie Jacobs)

*Die Puppen links und rechts auf diesem Bild sind seltene Kindermodepuppen, beide von dem bei Huret hergestellten Typ. Die Puppe links ist 21 cm groß. Der Kopf aus Biskuitporzellan ist feststehend und die Augen sind gemalt. Der Körper ist aus Leder. Die Puppe rechts mit 28 cm Größe hat ebenfalls einen feststehenden Kopf aus Biskuitporzellan und gemalte Augen, aber der Körper ist Leder-über-Holz mit Zapfengelenken an Schultern, Ellbogen, Hüften und Knien. Die Puppe in der Mitte ist keine Modepuppe, sondern eine ganz aus Biskuitporzellan hergestellte Babypuppe von der deutschen Firma Kestner.* (Jackie Jacobs)

Aiguilles

*Auf diesen und den beiden folgenden Seiten ist die ganze Spannbreite und Vielfalt der Accessoires abgebildet, die in der letzten Hälfte des 19. Jahrhunderts für Modepuppen gemacht wurden. Die Stücke, die in Originalgröße dargestellt sind, reichen von Operngläsern bis zu einem Nadelbehälter. Das Schmuckset aus „vergoldet gefaßter Koralle" steckt immer noch auf seinem Originalkarton.*

OLD BLEACH
Towels

*Bei diesen ebenfalls in Original-*
*größe abgebildeten Accessoires*
*handelt es sich unter anderem*
*um ein Haarbürstenset mit*
*Elfenbeinrücken, einen Stiefel-*
*knöpfer und Schuhlöffel und*
*einen Elfenbeinfächer. Das*
*Blumensträußchen ist aus*
*Wachs.*

# FRANZÖSISCHE MODEPUPPENHERSTELLER UND IHRE MARKIERUNGEN

Wenn eine antike Puppe untersucht wird, taucht immer die Frage auf: Was für Markierungen trägt die Puppe, die einen definitiven Hinweis auf ihren Hersteller geben könnten? Die Markierungen der Puppenhersteller waren gewöhnlich in Form eines Etiketts, eines Oberflächenaufdrucks oder einer eingravierten Markierung im Biskuitporzellan des Puppenkopfes oder der Brustplatte. Die letztere Form wurde allgemein als die verläßlichste betrachtet, da sich Etiketten oft ablösten und aufgedruckte Markierungen im Laufe der Zeit häufig fast unlesbar wurden. Stempel und Etiketten wurden überdies manchmal vom Einzelhändler angebracht zur Unterscheidung vom Hersteller. Die Identität der Mehrheit der französischen Modepuppenhersteller ist bekannt — zum Unterschied von all jenen Lieferanten, die Teile aus anderen Quellen kauften, zusammensetzten und dann verkauften. Und jede Puppe mit einer eingravierten oder klar aufgedruckten Markierung eines der bekannten Hersteller kann normalerweise als Produkt des Genannten gelten.

Im Falle der bekanntesten Hersteller französischer Modepuppen — Huret, Rohmer, Jumeau, Bru und Fernand Gaultier — sind gemarkte Puppen jedoch in der Minderheit. Die Markierung durch Eindruck des Puppenherstellers in das Porzellan wurde erst während der letzten beiden Dekaden des 19. Jahrhunderts allgemein üblich. Aber die meisten der von diesen Herstellern produzierten Puppen wurden zwischen 1850 und 1875 gemacht, und daher tragen nur ein paar eingravierte Markierungen.

Ausnahmen findet man unter den vielen Modepuppenköpfen und Brustplatten mit den eingravierten Initialen *F. G.* Diese Initialen haben jedoch einige Verwirrung verursacht, denn sowohl die Familie Gaultier wie auch die Familie Gesland gebrauchten hie und da das Initial „F.", und beide Familien waren während desselben Zeitraums im Geschäft, nämlich zwischen 1860 und 1915/1916 (siehe Seiten 119—120).

Was aber mit der Puppe tun, die kein schlüssiges Erkennungsmerkmal in Form einer Markierung hat? Erfahrene Sammler werden sofort die Charakteristik einer Bru oder Jumeau erkennen, aber für Neulinge ist die Sache nicht so einfach. Wie können sie den Stil eines bestimmten französischen Modepuppenherstellers erkennen?

Die Antwort auf diese Frage ist genau dieselbe, die wir Sammlern auf der Suche nach Erkenntnissen über Kleidung des 19. Jahrhunderts geben: „Nur eine beständige und fortlaufende Untersuchung aller verfügbaren Beispiele . . . führt schließlich zu dieser unbestimmbaren Fähigkeit, die Echtheit und die Qualität dessen zu beurteilen und zu bewerten, was man sieht."

Derselbe Rat gilt natürlich in jedem Gebiet der Antiquitäten oder Schönen Künste. Viele Artikel tragen keinen eindeutigen Hinweis auf den Künstler oder Handwerker, aber fast jeder ist für den Liebhaber und Experten sofort erkennbar. Erfahrung aus Begeisterung, das ist die Antwort, und es ist manchmal erstaunlich, wie schnell Neulinge sich selbst vertrauen und Kenntnis erwerben.

Über das Thema antike Puppen ist eine überraschende Anzahl von Büchern veröffentlicht worden, und diese helfen Neulingen auf ihrem Weg. Man kann auch Bezug nehmen auf gedruckte historische Quellen. Zeitgenössische Information über die Hersteller französischer Puppen aus dem 19. Jahrhundert ist überreich vorhanden, aber oft verwirrend. Eine große Zahl von Namen erschien in jährlichen Veröffentlichungen, wie dem Adressbuch der Französischen Handelskammer für Paris (hier war das Zentrum der Modepuppenfabrikation), und die Einträge sind ein interessanter Lesestoff.

Unglücklicherweise sind die Einträge einiger Jahre verschwunden, und in einigen Adressbüchern fehlen unerklärlicherweise Namen. Die Einträge selbst geben Anlaß zu weiteren Komplikationen. Die aufgeführten Informationen wurden nämlich offensichtlich von den betroffenen Firmen selbst geliefert, und die Einträge lesen sich daher manchmal eher wie Verkaufskataloge als wie offizielle Dokumente mit unparteiischer Information über die genaue Art des Geschäfts der jeweiligen Gesellschaft. Es ist zum Beispiel schwierig, zweifelsfrei festzustellen, ob die aufgeführten Firmen alles was sie verkauften selbst herstellten, oder nur teilweise. Von Gesland beispielsweise weiß man, daß er Puppenköpfe aus Deutschland importierte, und einige der größeren französischen Hersteller lieferten zweifellos Köpfe an kleinere Firmen. (Diese Form des Handels wird auf den Seiten 14—16 ausführlicher beschrieben.)

Trotz solcher Verwirrung können jene Leute, die in der folgenden Liste genannt sind, einigermaßen sicher als Hersteller betrachtet werden, da sie alle den Hauptteil der von ihnen gelieferten Puppen selbst produzierten. Selbst wenn es Zweifel über die Herkunft eines bestimmten Kopfes gibt, kann es immer noch möglich sein, daß dieser nach den von Käufern vorgeschriebenen Voraussetzungen modelliert wurde und ausschließlich zu deren Gebrauch.

Die Hersteller, die im folgenden „Adressbuch" beschrieben sind, schließen einige der prominentesten Puppenmacher ein, die dem Handel mit französischen Modepuppen verbunden waren, der im 19. Jahrhundert in Paris blühte und dessen Produkte in diesem Buch abgebildet sind.

## Barrois, Madame

Das Adressbuch der Pariser Handelskammer von 1846 registriert Mme Barrois in 163 Rue St. Martin, Paris. Aber im Jahre 1852 war dieser Eintrag gelöscht. Nach einer Lücke von weiteren sechs Jahren folgt ein neuer Eintrag unter demselben Namen und derselben Straße, aber einer anderen Hausnummer.

## Barrois, E.

E. Barrois wird in den Adressbüchern zwischen 1858 und 1877 als Verkaufsagent für Puppenköpfe aus Porzellan und Gips erwähnt, und die Adresse in dieser Periode war 192 Rue St Martin, Paris. Interessanterweise steht in dem Adressbuch außerdem, daß die Gesellschaft mit deutschen Köpfen handelt. Wenn man von den beiden getrennten Barrois-Einträgen berichtet, nennt man üblicherweise die Tatsache und beläßt es dabei. Aber der Zufall, daß derselbe Name in derselben Straße gefunden wird, macht es einem im Zusammenspiel mit den überlieferten Jahreszahlen schwer zu glauben, daß es sich um zwei total verschiedene Firmen oder Menschen handelt. E. Barrois könnte der Ehemann oder Sohn der Mme Barrois gewesen sein. Oder die beiden Barrois waren in Wirklichkeit ein und dieselbe Person, die sich nach sechsjähriger Unterbrechung unter einem anderen Handelsnamen wieder eintragen ließ.

Modepuppen mit einem eingravierten *E. Déposé B.* auf der Brustplatte werden gewöhnlich E. Barrois zugeschrieben. Die Markierung kann auf Puppen mit feststehendem Kopf, mit Einbindekopf oder Kurbelbrustkopf gefunden werden. Die Körper können ganz aus Leder sein, mit oder ohne Zwickel. Es gibt aber auch Lederkörper mit Biskuitporzellanarmen oder Leder-über-Holz-Knien und -Oberarmen. Puppen mit der eingravierten Markierung *E. B.* oder *E. Déposé B.* sind abgebildet auf den Seiten 26—27, 56—57, 58, 64—65, 97 und 106—107. Die Puppe auf den Seiten 64—65 wird außerdem auf Seite 126 gezeigt (F 2).

## Bru

Die Geschichte der großen französischen Puppenfirma Bru ist besser dokumentiert als die jedes anderen französischen Puppenherstellers außer Jumeau. Die offiziellen Urkunden werden ergänzt durch die ausführlichen Anzeigen der Gesellschaft. Die Firma war zwischen 1866 und 1899 aktiv und während dieser Periode unter dem Management von drei Männern: Casimir Bru (1866—1883), H. Chevrot (1883—1889) und Paul Girard (1889—1899). Obwohl Girard der Gesellschaft auch nach 1899 verbunden blieb, war sie nicht weiter selbständig, sondern ein Teil der Société Française de Fabrication de Bébés et Jouets (S.F.B.J.).

Schon im Jahre 1866 beschäftigte Bru in seiner Firma in der Rue St Denis, Paris, über dreißig Arbeiter. Bald begann auch ein Geschäft in der Rue Mauconseil. Neben den Puppen selbst wurden auch passende Kleider produziert, und Exporte nach Amerika waren ein Teil des Firmengeschäfts.

Es würde den Rahmen dieses Buches sprengen, auch nur ein paar von Brus Erfindungen auf dem Gebiet des Puppenmachens zu erwähnen. Aber der Gesellschaft wurden mindestens dreißig Patente genehmigt, einschließlich der zweigesichtigen „Surprise"-Puppe, die auf Seite 128 abgebildet ist (I1).

1885, als die neue Fabrik in Montreuil-sous-Bois voll lief, gab es kaum ein Material oder eine Idee, mit welcher Bru unter dem Management von H. Chevrot nicht experimentiert hätte, immer auf der Suche nach neuen aufregenden Artikeln. Nicht alle waren erfolgreich, und viele verschwanden spurlos. Aber die Bru-Puppen, die heute noch existieren, sind ein sichtbarer Beweis dafür, daß die Gesellschaft auf dem Gebiet der Puppenherstellung führend war. Zwischen 1885 und 1893 wurden Bru bei internationalen Ausstellungen neun Gold- und zwei Silbermedaillen verliehen — ein weiterer Beweis für den Erfolg der Gesellschaft.

Die Körper der von Bru produzierten Modepuppen reichen von Ganzleder mit Zwickeln an Ellenbogen, Hüften und Knien, bis zu Leder ohne jeglichen Zwickel. Es gab entweder feststehende oder Kurbelbrustköpfe. Puppen im Stil von Bru — das heißt Puppen ohne definitives Erkennungszeichen — sind abgebildet auf den Seiten 25, 32—33, 40—41, 42—43, 44—45, 75 und 105, und auf Seite 126 (El) und Seite 131 (Ol).

Bru-Puppen hatten manchmal auf der Brustplatte *B Jne et Cie.* eingraviert und *Déposé* auf der Schulter. Gelegentlich haben sie auch *Déposé* auf der Stirn unter dem Haaransatz eingraviert und einen Buchstaben auf dem Hinterkopf, der die Größe kennzeichnet. Modepuppen mit Bru-Markierung sind äußerst selten, aber zwei davon sind auf den Seiten 66—67 und 87 abgebildet sowie auf Seite 124 (A3) und Seite 131 (P2).

## B.S.

Eine Anzahl französischer Modepuppen von feiner Qualität haben die Initialen *B.S.* auf ihrer Brustplatte eingraviert. Obwohl es scheint, als ob sie alle von demselben Puppenmacher hergestellt wären, gibt es immer noch keinen definitiven Beweis für die Identität ihres Herstellers. Es gibt jedoch zwei Hauptbewerber für diesen Titel.

*Blampoix Aîné (Senior)*
Die Behauptung, es sei die Blampoix-Firma gewesen, die ihre Puppen mit *B.S.* gemarkt habe, basiert auf der Theorie, daß Blampoix selbst als „Blampoix Senior" bekannt war. Aber diese Frage ist offen. „Senior" ist auf keinen Fall ein französisches Wort. Frühe Urkunden tragen den Namen Blampoix, gefolgt von dem Wort *Aîné*, dessen korrekte Übersetzung „der Ältere" ist. Um die Seniorenschaft in einem Familiengeschäft auszudrücken, würde ein Franzose *Aîné* benutzen, wie es Blampoix auch tatsächlich tat, oder *Père*, was „Vater" bedeutet. Solchermaßen ist der Gebrauch des englischen Wortes „Senior" in diesem Zusammenhang höchst unwahrscheinlich. Es ist also höchst zweifelhaft, daß *B.S.* die Markierung von

Blampoix gewesen sein könnte. Eine wahrscheinlichere Markierung der Firma wären die Buchstaben *B.A.* oder *B.P.* gewesen.

*Schneider*
Nach den Adressbüchern der französischen Handelskammer hat Schneider zwischen 1859 und 1896 in Paris Puppen gefertigt. Im Jahre 1865 annoncierte die Firma Porzellanpuppenköpfe und Puppenkörper aus rosafarbenem Ziegenleder, und über weite Strecken ihrer Existenz legte die Gesellschaft großen Wert auf die Herstellung von Puppen mit Lederkörpern der verschiedensten Art. Schneiders Sohn wurde im Jahre 1888 unter dem offiziellen Titel *„Benoist Schneider Jne.“* als Puppenmacher registriert. Wir haben keinen Hinweis auf den Vornamen des Vaters, nicht einmal ein Initial. Aber wenn sich sein Sohn durch den Zusatz des Wortes *Jeune* von seinem Vater unterscheiden mußte, ist es fast sicher, daß beide denselben Vornamen hatten — Benoist. Das kann nur die interessante Möglichkeit eröffnen, daß es Benoist Schneider war, der die mit *B.S.* gemarkten Puppen produzierte.

Die auf den Seiten 19, 50, 64—65 und 68—69 abgebildeten Puppen tragen die Initiale *B.S.* eingraviert auf der Brustplatte. Puppe J3 (Seite 128) ist ebenfalls so gemarkt.

## Clément, Pierre Victor

Clément, ursprünglich ein Schuhmacher, arbeitete nachweislich von 1866—1875 in Paris. 1866 erwirkte er ein Patent für „bossierte“ (modellierte), leichtgewichtige Lederkörper, die länger halten sollten, als jene aus Guttapercha und anderen Materialien. Ein Eintrag im Pariser Adressbuch von 1873 beschreibt ihn als: „Hersteller von angezogenen Puppen; Spezialist für Taufpuppen. 12 Rue Montmorency, Paris“. Clément bot leichte, kräftige und bewegliche Lederkörper an. Die Puppen auf Seite 99 und Seite 127 (G2) sind ein Beispiel für den seltenen gepreßten Lederkörper, den er sich hatte patentieren lassen.

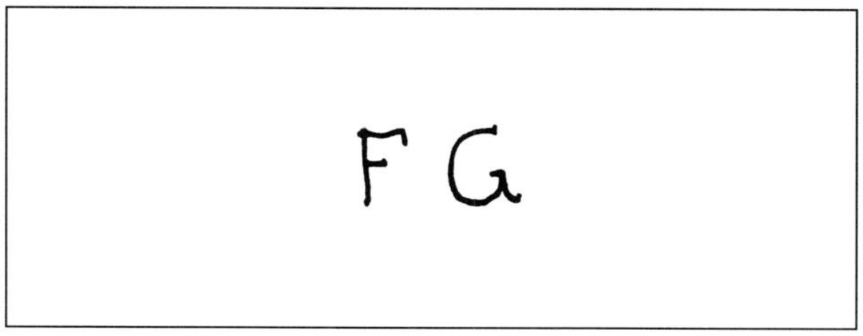


## F.G.

Wenn man über Puppen mit der Markierung *F.G.* schreibt, ist es fast unmöglich, die Namen Gaultier und Gesland auseinanderzuhalten. Beide waren über eine fast identische Zeitspanne hinweg, nämlich von 1860 bis 1915, in Paris im Geschäft. Aber Lücken in den offiziellen Unterlagen machen es, wie bei so vielen Herstellern, schwierig, eine präzise Beschreibung ihrer gesamten Geschäftsaktivitäten zu geben. Wir haben deshalb die Wahl: Entweder wir stellen nur die spärlichen Fakten dar, oder wir nehmen all unseren Mut zusammen und riskieren den Zorn der Puristen, indem wir augenscheinliche Beweise mit historischen Urkunden in Einklang bringen, um eine qualifizierte Vermutung bezüglich der möglichen Herkunft der mit *F.G.* gemarkten Puppen aufzustellen.

*Gaultier*
Nach französischen Adressbüchern arbeitete die Firma Gaultier zwischen 1860 und 1916 in Paris. 1863 produzierte sie unter der Direktion von A. Gaultier Porzellanpuppenköpfe und Puppenteile. Im Jahre 1878 zeigte F. Gaultier bei der Pariser Ausstellung Puppenköpfe und wurde mit einer Silbermedaille ausgezeichnet. 1880 war die Firma als Gaultier et fils registriert und gewann in Brüssel eine Bronzemedaille. Zwischen 1883 und 1900 wurde die Gesellschaft auf internationalen Ausstellungen mit vier Silbermedaillen und einer Bronzemedaille ausgezeichnet. Sie annoncierte ausführlich ihre Porzellanpuppenköpfe und Bébés.

*Gesland*
Zwischen 1860 und 1915 stand in den Pariser Adressbüchern die Firma Gesland. Ab 1877 war sie ansässig in 5 Rue Beranger, Paris, und der Name wurde verschiedene Male mit den Initialen „E“, „F“ und „A“ registriert. Über die zweite Hälfte des 19. Jahrhunderts annoncierte Gesland als eine Gesellschaft, die Puppen machte, exportierte, vertrieb und reparierte.

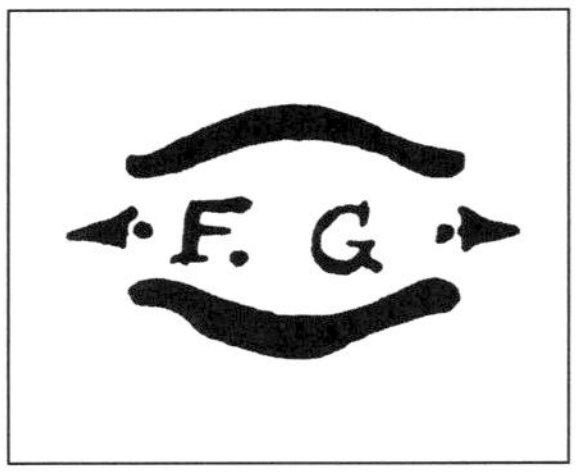


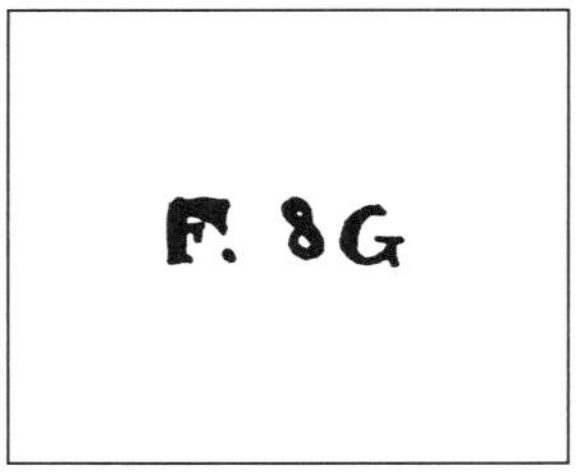

Aber, obwohl die Firma zweifelsohne Puppen exportierte, vertrieb und reparierte, blieben bis heute Zweifel über das Ausmaß ihrer Herstelleraktivitäten. Es gibt detaillierte Berichte darüber, daß Puppen repariert wurden, während die Leute darauf warteten. Der Service auf dem Firmengelände stand täglich zwölf Stunden lang während einer Sechstagewoche zur Verfügung.

Es gibt unwiderlegbare Beweise, daß Gesland Puppenkörper sowohl in Holz als auch in ausgestopftem Stockinett fertigte. Und es ist bekannt, daß die Gesellschaft als einer der wenigen Hersteller Körper oft mit dem Firmennamen markte. Die Tatsache, daß viele Biskuitporzellanköpfe auf Gesland-Körpern mit *F.G.* gestempelt waren, wurde ursprünglich als Zeichen gedeutet, daß sowohl Körper wie Kopf ein Produkt der Firma Gesland seien. Aber jetzt ist es fast sicher, daß die Biskuitporzellanköpfe mit dem Stempel *F.G.* tatsächlich von Gaultier gemacht und geliefert wurden.

Es ist inzwischen klar geworden, daß Gesland Puppen nicht im wahrsten Sinn des Wortes machte. Die Firma produzierte gewiß Puppenteile, baute Puppen zusammen, reparierte sie und bot sie zum Verkauf an. Aber sie müßte exakter als Hersteller und Verkaufsagentur von Puppenteilen bezeichnet werden.

Auf den Seiten 44—45, 81 und 88—89 ist eine Puppe mit einem auf der rechten Schulter eingravierten *F.G.* und einer *4* auf dem Hinterkopf und auf der linken Schulter; siehe auch Seite 131 (P3). Die Puppe auf den Seiten 60—61 und 84 hat die eingravierte Marke *F.G.* auf der hinteren Oberseite des Kopfes; siehe auch Seite 124 (Bl). Eine Puppe, die als „F. Gaultier Typ" beschrieben wird, mit einer eingravierten *4* auf Schulter und Kopf, ist abgebildet auf den Seiten 60—61, während auf den Seiten 38—39 und 102—103 zwei Puppen mit eingraviertem *F.G.* auf der Brustplatte zu sehen sind. Andere Puppen im *F.G.*-Stil sind abgebildet auf den Seiten 32—33, 46—47 und 50—51. Alle diese Puppen haben einen Kurbelbrustkopf, aber die Körperarten variieren von Ganzholz bis Ganzleder.

## Huret

Der Name der Mlle Huret wurde zum ersten Mal im Jahre 1850 in Verbindung mit dem Puppengewerbe registriert, und in den folgenden Jahren wird Leopold Huret mit der Geschäftsadresse 2 Boulevard des Italiens, Paris, erwähnt. Ein anderer und länger dauernder Umzug fand im Jahre 1852 statt, als die Geschäftsadresse von Huret mit 22 Boulevard Montmartre, Paris, angegeben wurde. Die Namen von Mlle Huret und Leopold Huret wurden weiterhin zusammen in den Adressbüchern erwähnt, bis die Firma im Jahre 1865 ihren Namen in Huret & Lonchambron änderte.

Ab 1885 werden verschiedene Namen als neue Besitzer der Firma genannt, einschließlich A. Lemoine, Carette und Prevost. Aber 1919 wird das Haus Huret in einer Puppenanzeige direkt genannt — und das war nur ein Jahr vor der Übergabe.

Möglicherweise die wichtigste Verbesserung, die Huret im Jahre 1861 patentieren ließ, war der Kurbelbrustkopf, der bei einer Puppe eine normale Kopfbewegung zuließ. Dieses Patent wurde einige Jahre vorher angemeldet, ehe Jumeau Anspruch auf diese Erfindung geltend machte. M. Briens, ein anderer Pariser Puppenmacher, ließ sich 1862 eine ähnliche Erfindung patentieren, aber sein Entwurf hatte das Kugelgelenk oben auf dem Hals, und der Kopf war unmittelbar unter dem Kinn „abgeschnitten". Nachforschungen in französischen Urkunden dieser Zeit werden dadurch nicht leichter, daß die Patente manchmal unter dem Namen des Agenten registriert und keine

Hinweise auf den Erfinder oder Hersteller geführt wurden.

Der Gebrauch von Metallhänden an Holzkörpern war ebenfalls Inhalt eines Huret-Patents. Und bis zur Einstellung im Jahre 1890 wurden die beweglichen Guttaperchakörper von der Firma sehr gefördert und gewannen einige Medaillen auf verschiedenen Ausstellungen.

Eine Ganzmetallpuppe mit der Inschrift *Huret, 56 rue de la Boet* wird auf den Seiten 94—95 und auf Seite 127 (H3) gezeigt; eine Huret-Guttaperchapuppe mit einem Identifizierungsstempel auf der Brust ist auf den Seiten 92—93 zu sehen. Ein lederbezogener Guttaperchakörper, ebenfalls mit einem Huret-Stempel, ist auf den Seiten 36—37 abgebildet. Siehe auch Seite 127 (H1 und H2) und Seite 132 (R2).

## Jumeau

Es ist aktenkundig, daß im Jahre 1842 eine Firma unter dem Namen Belton & Jumeau mit der Adresse 14 Rue Salle au Comte, Paris, Puppen fertigte. Zwei Jahre später wurde die Gesellschaft bei der Pariser Ausstellung ehrenhaft erwähnt. 1847 jedoch scheint die Firma unter die alleinige Kontrolle von Pierre Jumeau zurückgefallen zu sein. Von dieser Zeit an wurde sie unter der Adresse 18 Rue Mauconseil, Paris, geführt. Während der folgenden zwanzig Jahre gewannen Jumeau-Puppen nur wenige Preise, aber die Jumeau-Kleider wurden als „sehr schön" beschrieben.

Im Jahre 1867 zog Pierre Jumeau abermals um, diesmal in die Rue d'Anjou au Marais. Dort kam Sohn Emile hinzu, der verantwortlich wurde für einen dramatischen Anstieg sowohl der Quantität wie der Qualität der Firmenprodukte.

Pierre Jumeau zog sich um 1877 in den Ruhestand zurück, vier Jahre nachdem in Montreuil-sous-Bois eine große Fabrik eröffnet worden war. Emile übernahm die alleinige Verantwortung, eine Position, die er innehielt, bis die Firma 1899 in dem Konglomerat der französischen Puppenhersteller aufging, der Société Française de Fabrication de Bébés et Jouets (S.F.B.J.).

Vor 1867 hatte das Haus Jumeau wenig Anerkennung oder öffentlichen Beifall erhalten. Aber unter Emiles Verwaltung wurden ihm bei internationalen Ausstellungen fünf Goldmedaillen und eine Silbermedaille zugesprochen, und 1885 wurde Emile zum Ritter der Ehrenlegion ernannt.

Verglichen mit Bru scheint das Haus Jumeau relativ wenig Patente erworben zu haben. Aber während es möglicherweise die Vorteile neuer Erfindungen ignorierte, produzierte es einige der besten französischen Puppen. Unter dem wachsenden Druck deutscher Konkurrenz jedoch mußte Jumeau genauso wie andere französische Hersteller seinen Ausstoß erhöhen, manchmal auf Kosten der Qualität.

Der Körpertyp, der vom Hause Jumeau produzierten Puppen variierte. Es gab solche aus Ganzleder, Ganzholz, Leder-über-Holz und Composition; Composition war das üblichste. Einige Puppen im Stil von Jumeau sind in diesem Buch abgebildet (siehe Seiten 23, 48—49, 50—51 [sowie 56—57], 52 bis 53, 54—55 und 81); eine dieser Puppen auf den Seiten 34—35 trägt den Stempel *Jumeau Medaille d'Or;* die Puppen auf den Seiten 18—19, 23, 34—35 und 77 sind ungemarkt aber wahrscheinlich von Jumeau hergestellt.

## L.D.

Unglücklicherweise sind die Eintragungen in den Urkunden der französischen Handelskammer oft auf den Zunamen des Hersteller beschränkt und geben keinen Hinweis auf den Vornamen oder das Initial. Viele Zunamen der eingetragenen Puppenhersteller beginnen mit dem Buchstaben „D", aber die folgenden haben auch entweder ein Initial oder einen Vornamen der mit „L" beginnt. Sie sind also Bewerber für die *L.D.*-Marke. Léon Desty, 173 Rue du Temple, Paris, wird im Jahre 1869 als Puppenmacher genannt. Mlle Léontine Delbosque erscheint zwischen 1876 und 1889 als Puppenmacherin in den Adressbüchern. Sie

exportiert Puppen in fremdländischen und ländlichen Kleidern. L. Doléac, 16 Rue des Archives, Paris, machte zwischen 1881 und 1908 angezogene und unbekleidete Puppen.

Für die Experten gibt es keinen Zweifel, daß es L. Doléac war, der seine Puppen mit den Buchstaben „L.D." markte, aber möglicherweise war er nicht der einzige Puppenmacher, der so verfuhr. Zweifel kommen daher, daß diese Puppen oft aussehen, als ob sie vor der Zeit von 1881 bis 1908 entstanden wären. Und einige wurden auch mit original „provinziellen" Kostümen gefunden, die eine Spezialität von Mlle Léontine Delbosque waren, welche wiederum zwischen 1876 und 1889 Puppen produzierte. Es ist möglich, daß zwei verschiedene Puppenmacher dieselben Initialen für die Markierung ihrer Puppen benutzten. Dies kennt man auch aus anderen Fällen.

Puppen mit einem eingravierten *L.D.* sind ziemlich selten, aber zwei davon werden auf den Seiten 78—79 und 108 gezeigt; siehe auch Seite 125 (C2).

## Lavallée-Peronne, Mme

Mlle Peronne heiratete im Jahre 1865 und wurde damit Mme Lavallée-Peronne mit der Geschäftsadresse „A La Poupée De Nuremberg", 21 rue de Nuremberg, Paris. Sie arbeitete laut den Adressbüchern zwischen 1864 und 1884 in Paris, und es ist bekannt, daß sie einen großen Laden in der Stadt hatte, und daß bis zu 200 Leute für sie tätig waren. Etiketten mit der Aufschrift „A La Poupée De Nuremberg / 21 rue de Choiseul / Lavallée-Peronne / Trousseaux Complets / Réparations / Paris" waren an den Puppenkörpern angebracht, und im Jahre 1870 wurde die Gesellschaft genannt als „einzige Firma, die vom *Journal des Demoiselles* und von *La Poupée Modèle* empfohlen wird". Die Firma spezialisierte sich auf Puppen-Trousseaux, Baby-Leinen und Kinderkleider, und wahrscheinlich zog die Firma Puppen eher an, als daß sie diese herstellte, um anschließend den Ladenstempel auf den Puppenkörper zu drücken. Die Puppe auf Seite 132 (Q1) trägt ein Etikett mit der Aufschrift *Lavallée-Peronne* auf ihrer Brust; auf Seite 84 wird eine Puppe gezeigt, die einen Ladenstempel mit der Adresse 21 Rue de Choiseul trägt. Obwohl es nicht so aussieht, als ob die Firma wirklich komplette Puppen herstellte, oder wenigstens größere Teile davon, ist sie hier der Vollständigkeit halber erwähnt.

## Rohmer, Marie

Der Name Mlle Marie Antoinette Léontine Rohmer wurde zum erstenmal 1857 erwähnt. Die Geschäftsadresse war 24 Boulevard Poissonière, Paris. Während desselben Jahres erwarb sie ein Patent über Gelenke für Puppen mit Lederkörpern.

Wie Huret-Puppen sind auch Rohmer-Puppen relativ selten. Man findet sie mit glasierten Porzellanköpfen oder Biskuitporzellanköpfen, und sie haben entweder gemalte oder Glasaugen. Viele Exemplare haben feststehende Köpfe (mit Kopf und Brustplatte in einem Stück), obwohl Rohmer sich bereits 1858 Pläne für eine Art Kurbelbrustkopf patentieren ließ, der auf einem Flanschgelenk basierte. Dies erlaubte eine seitliche Bewegung, aber nicht viel mehr.

Soweit man feststellen kann, blieb die Geschäftsleitung dreiundzwanzig Jahre lang in denselben Händen, obwohl während dieser Zeit die Geschäftsräume gewechselt wurden — 1870 zur Adresse 23 Rue de Choiseul und 1876 nach 178 Rue de Faubourg.

Die Körper der Rohmer-Puppen sind manchmal auf der Brust gestempelt mit einer ovalen Tintenmarke (siehe Seite 129 [L2] und Seite 132 [Q2 und Q3]). Solchermaßen gemarkte Puppen werden auch auf den Seiten 60—61, 82—83 und 100—101 gezeigt.

## Simonne

Nach den Pariser Adressbüchern arbeitete das Haus Simonne zwischen 1839 und 1878 in Paris. Es gibt immer noch einige Zweifel über den Ausstoß der Firma, und es ist wahrscheinlich, daß sie große Mengen der benötigten Teile von auswärtigen Quellen bezog.

Im Jahre 1839 arbeitete die Firma unter der Adresse 271 Rue St Denis, Paris, aber 1844 war sie unter 5 & 7 Galérie Delorme, Paris, registriert. 1863 scheint sich die Firma beträchtlich erweitert zu haben, denn das Adreßbuch dieses Jahres bestätigt, daß sie sowohl in dem Anwesen 188 Rue de Rivoli, Paris, bekleidete Puppen und Bébés herstellt, wie auch unter der Adresse 1, 2, 3, 5, 7 & 9 Passage Delorme. 1867 stellte die Firma in Paris mechanische Puppen aus und wurde ehrenvoll erwähnt.

Es gibt keinen Hinweis auf einen Puppenkopf mit einer Simonne-Marke. Aber der ovale blaue Tintenstempel der Firma erscheint auf Puppenkörpern und deutet an, daß Simonne wie Lavallée-Peronne Puppen ankleidete und verkaufte, nachdem diese aus angekauften Köpfen und Körpern anderer Hersteller zusammengesetzt worden waren. Die Köpfe auf Körpern mit der Marke Simonne variieren von feststehenden Köpfen bis zu Kurbelbrustköpfen und Einbindeköpfen, während die Körper selbst Ganzleder (oder Ziege) oder Leder-über-Holz sind, manchmal mit Biskuitporzellanarmen.

Auf Körpern mit einem Stempel oder Etikett von Simonne wurden viele ungemarkte Köpfe gefunden. Einige von ihnen haben eine so einzigartige und besondere Ähnlichkeit miteinander, daß Sammler oft Simonne-Puppen identifizieren können, ohne den Körper untersucht zu haben. Es ist möglich, daß ein anderer Hersteller diese Köpfe einzig und allein für Simonne produziert hat. Puppen mit der *Simonne*-Marke sind auf den Seiten 70 und 92—93 zu sehen sowie auf Seite 128 (J2 und J3).

# WIE MAN MODEPUPPEN BESTIMMT

Die Puppen, die auf den folgenden Seiten abgebildet sind, werden sowohl durch einen Buchstaben wie durch eine Zahl identifiziert — zum Beispiel A3. Der Buchstabe bezeichnet das Bild, die Zahl die Position auf dem Bild von links nach rechts. Diesen Code tragen auch die Puppen auf den Farbbildern, so daß ihre Körper mit den unbekleideten Exemplaren verglichen werden können. Die Köpfe der unbekleideten Puppen sind nicht unbedingt immer vom selben Typ oder Stil wie die der bekleideten Puppen.

**A1** *Ganzlederkörper mit Zwickeln an Ellbogen, Hüften und Knien.*

**A2** *Stoffkörper mit Lederarmen.*

**A3** *Ganzlederkörper mit Zwickeln an Ellbogen, Hüften und Knien. Gravierung* Bru *auf der Brustplatte.*

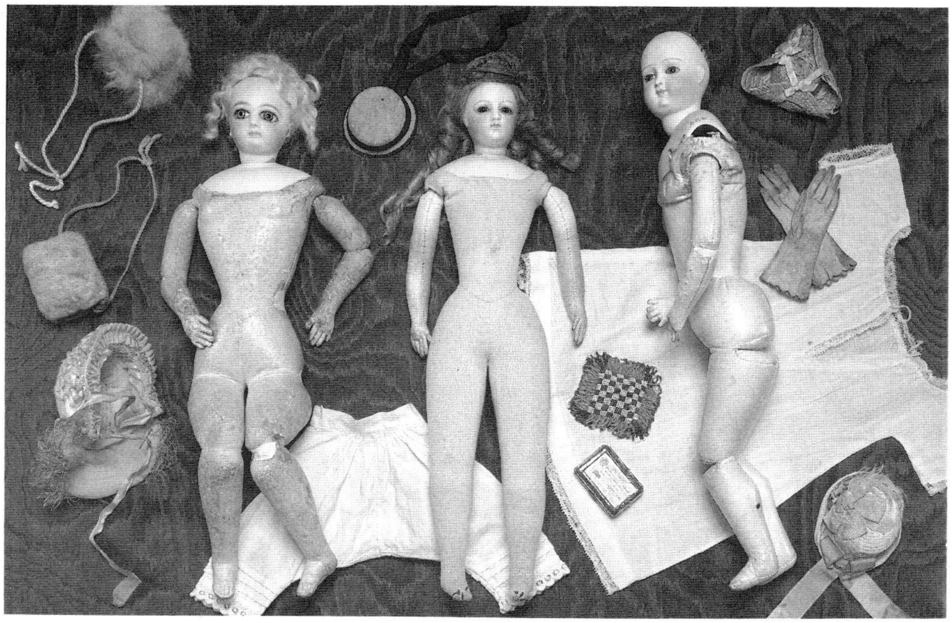

**B1** *Köper-über-Holz-Körper; Biskuitporzellan-Unterarme und -Unterschenkel; Zapfengelenke an Schultern, Ellbogen, Hüften und Knien; Ellbogengelenke wie bei R1. Gravierung* F.G. *am Kopf.*

**B2** *Köper-über-Pappe-Körper; Zapfengelenke an Ellbogen, Hüfte, Knien und Knöcheln; Ellbogengelenk wie bei R1. Dieser Körpertyp hat manchmal ein* „Simonne“-*Etikett.*

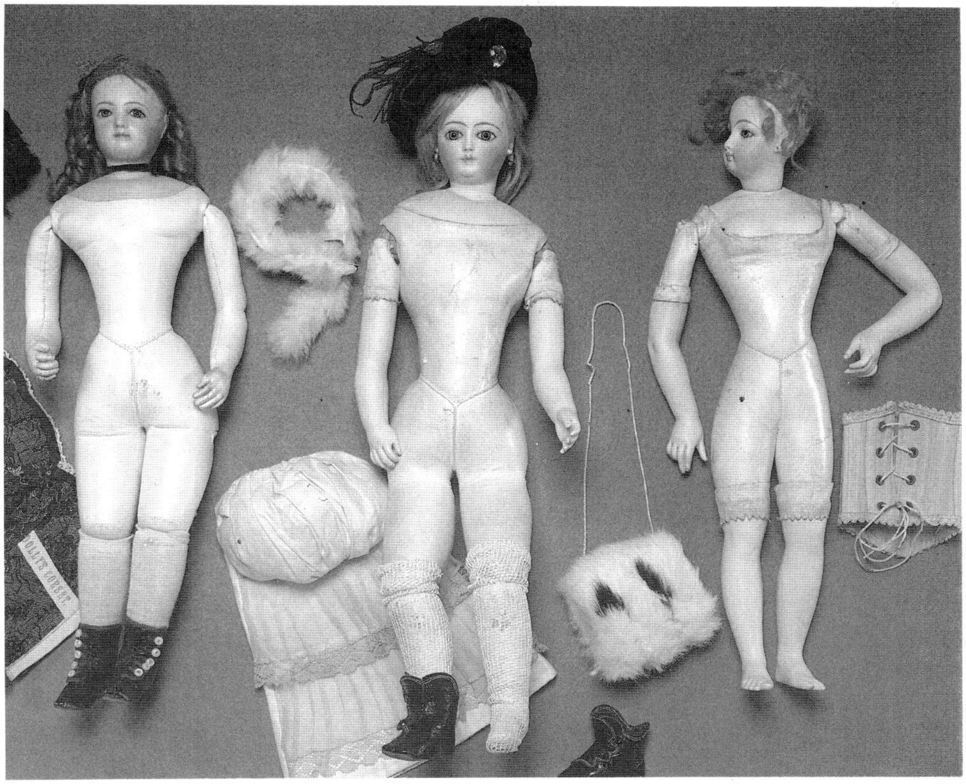

**C1** *Ganzlederkörper mit Zwickeln an Ellbogen, Hüften und Knien. Ladenstempel auf dem Körper mit der Inschrift* Recompense/Nadaud/Jouets.

**C2** *Ganzlederkörper mit Biskuitporzellanarmen; Zapfengelenke an den Schultern; Zwickel an Hüften und Knien. Gravierung* L. Déposé D. *auf der Brustplatte.*

**C3** *Ganzlederkörper; Biskuitporzellanarme und -Unterschenkel; ein Arm angewinkelt; keine Zwickel; geformter Busen. Gravierung* R.C. Déposé *auf der Brustplatte. Diesen Typ gibt es auch mit geraden oder angewinkelten Armen. Siehe auch Seite 73.*

**D1, 2 u.3** *„Gesland-Typ"-Körper; Stockinett über einem gepolsterten beweglichen Metallskelett mit in den Körper eingesetzter Holzstütze; Biskuitporzellanhände und -beine. Manchmal graviert* F.G. *oder mit einer Zahl zur Größenangabe.*

**E1** *Ganzlederkörper mit Zwickeln an Hüften und Knien; einzeln abgenähte Zehen. Gravierung* J. Déposé *auf der Stirn.*

**E2** *Ganzlederkörper mit Zapfengelenken an Schultern, Ellbogen, Handgelenken, Hüften, Knien und Fußgelenken; Kugelgelenk an der Taille.*

**E3** *Ganzlederkörper mit Zwickeln an Hüften und Knien; Hände aus Biskuitporzellan im* Bru-breveté-*Stil.*

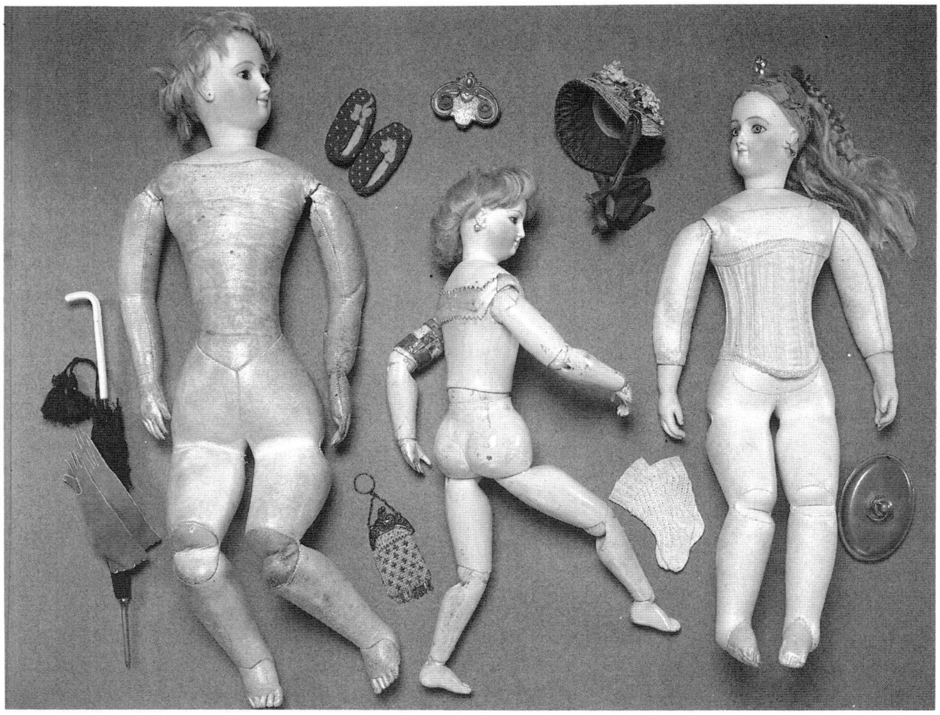

**F1** *Ganzlederkörper; keine Zwickel; Fäustlingshände.*

**F2** *Rosa Leder von der Taille abwärts; Pappmachétorso bis zur Taille. Gavierung* E. Déposé B. *auf der Brustplatte. Unterrock auf dem Torso angenagelt.*

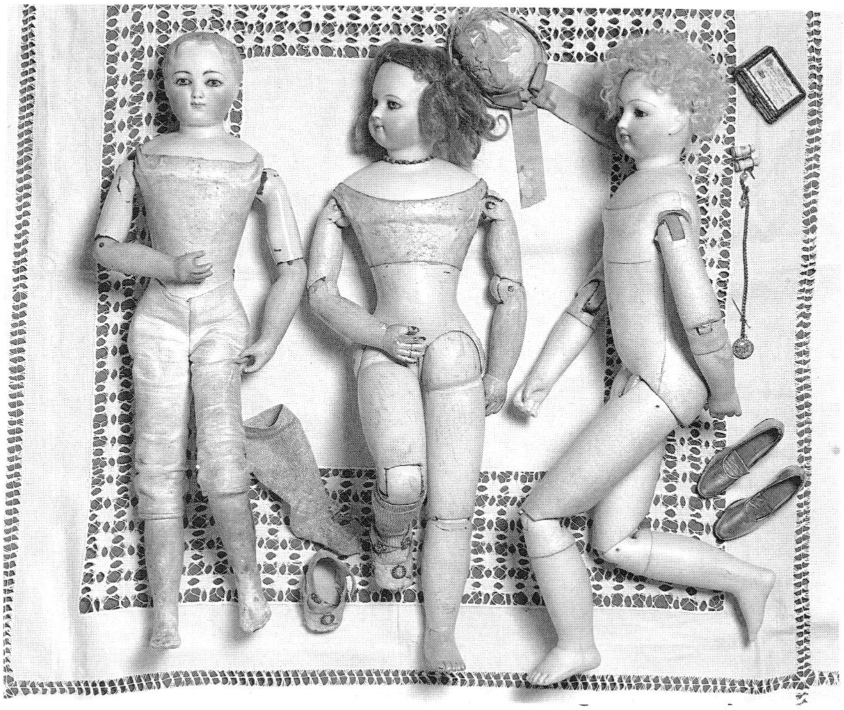

**G1** *Ganzlederkörper mit Unterarmen aus Biskuitporzellan und Metalloberarmen; Oberschenkel aus ungepolstertem Leder über Metallskelett, Unterschenkel aus Pappe mit Lederüberzug; Zapfengelenke an den Schultern; Kugelgelenke an den Ellbogen. Gravierung* F. Déposé G. auf der Brustplatte.

**G2** *Seltener Preßlederkörper, 1866 patentiert von Clément; Zapfengelenke an Schultern, Ellbogen, Hüften und Knien.*

**G3** *Leder-über-Holz-Körper mit Unterarmen und Unterschenkeln aus Biskuitporzellan; Zapfengelenke an Schultern, Ellbogen, Hüften und Knien.*

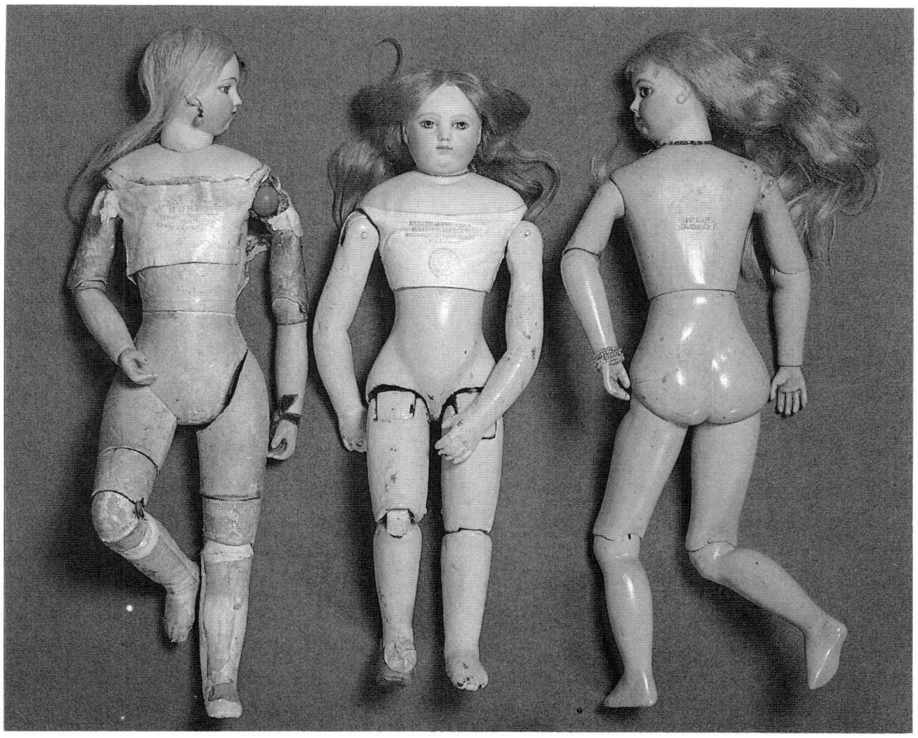

**H1** *Leder-über-Guttapercha-Körper mit Unterarmen aus Biskuitporzellan; Zapfengelenke an Schultern, Ellbogen und Knien. Diagonalgeflanschte Hüftgelenke. Huret-Stempel auf der Brust:* Boulevard Montmartre 22. *(Jackie Jacobs)*

**H2** *Guttaperchakörper; Zapfengelenke an Schultern, Hüften und Knien. Huret-Stempel auf der Brust:* Boulevard Montmartre 22. *(Elsie Potter)*

**H3** *Ganzmetallkörper mit Federfixierung; Zapfengelenke an Schultern, Ellbogen, Handgelenken, Taille, Hüften und Knien. Eindruck* Huret/56 rue de la Boet *auf dem Rücken. (Elsie Potter)*

**I1** *Ganzlederkörper mit Zwickeln an Ellbogen, Hüften und Knien. Zweigesichtiger Kurbelkopf; ein Gesicht mit gemalten „Schlafaugen“, das andere mit Glasaugen. Bru erwarb für diesen Kopftyp 1867 ein Patent. (Jackie Jacobs)*

**I2** *Ganzlederkörper mit Unterarmen aus Biskuitporzellan; Zwickel an Ellbogen, Hüften und Knien. Der Schriftzug Rochard ist durch die Schulterplatte teilweise sichtbar; wenn man die Puppe gegen das Licht hält, kann man auf einem gegenüberliegenden Glaseinsatz in der Brustplatte eine Ansicht von Paris sehen. Patentiert im Jahr 1868. (Elsie Potter)*

**J1** *Ganzlederkörper mit Armen aus Biskuitporzellan; Leder-über-Holz-Zapfengelenke an Schultern und Knien; diagonalgeflanschte Hüftgelenke. Seltener Körpertyp. (Jackie Jacobs)*

**J2** *Ganzlederkörper mit Armen aus Biskuitporzellan; Zwickel an Hüfte und Knien. Simonne-Körperstempel auf der Brust:* rue der Rivoli 188. *(Elsie Potter)*

**J3** *Ganzlederkörper mit Armen aus Biskuitporzellan; Zwickel an Hüften und Knien; Zapfengelenke an Schultern. Simonne-Körperstempel auf der Brust; Gravierung* rue de Rivoli 188. B.S. *auf der Brustplatte. Alle abgebildeten Kleider gehören zur Puppe.*

**K1** *Ganzholzkörper; Zapfengelenke an Schultern, Ellbogen, Taille, Hüften, Knien und Knöcheln; Flanschgelenke an der Taille und in der Mitte der Oberschenkel.*

**K2** *Ganzholzkörper; Zapfengelenke an Schultern, Ellbogen, Hüften und Knien; Kugelgelenke an den Handgelenken; Flanschgelenke in der Mitte der Oberarme und Mitte der Oberschenkel.*

**K3** *Ganzlederkörper mit Unterarmen aus Biskuitporzellan; Leder-über-Holz-Zapfengelenke an Schultern, Ellbogen und Knien; Zwickel an den Hüften.*

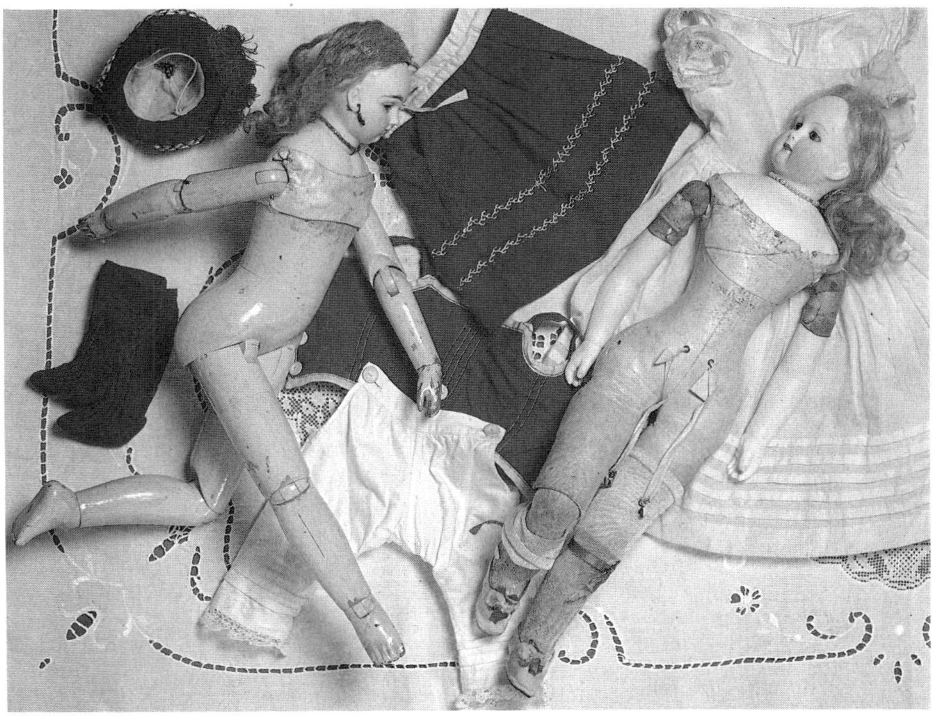

**L1** *Ganzholzkörper; Zapfengelenke an Schultern, Ellbogen, Taille, Hüften, Knien und Knöcheln; Flanschgelenke in der Mitte der Oberschenkel. (Elsie Potter)*

**L2** *Ganzlederkörper mit Armen aus Biskuitporzellan; Zapfengelenke an den Schultern; Kugelgelenke an den Knien; Zwickel an der Hüfte; Löcher mit Metallösen im Torso für Strumpfhalter. Ovaler Stempel von Rohmer auf dem Torso. (Elsie Potter)*

**M1** *Ganzlederkörper mit Armen aus Biskuitporzellan; Zwickel an den Hüften.*

**M2** *Aus Pappe geformter Torso mit Armen und Unterschenkeln aus Biskuitporzellan.* Baptême *(Taufpuppe); als Süßigkeitenbehälter gedacht (siehe Seiten 56—57).*

**M3** *Ganzlederkörper mit Armen aus Biskuitporzellan; Leder-über-Holz-Zapfengelenke an Schultern und Knien; Zwickel an den Hüften.*

**N1** *Ganzlederkörper mit Zwickeln an den Ellbogen. Gravierung* E.B. *auf der Schulterplatte.*

**N2** *Ganzlederkörper; keine Zwickel.*

**N3** *Ganzlederkörper mit Zwickeln an Ellbogen und Hüften.*

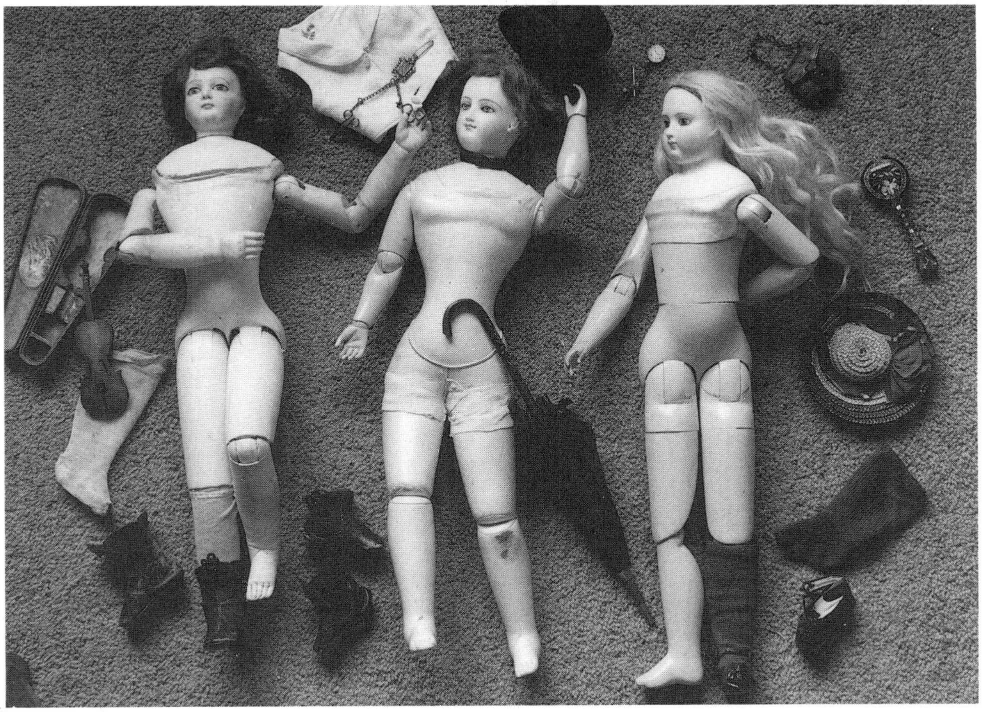

**O1** *Leder-über-Holz-Körper mit Unterarmen aus Biskuitporzellan; Zapfengelenke an Schultern, Ellbogen, Hüften und Knien. Gravierung* Déposé j *auf Kopf/Brustplatte.*

**O2** *Ganzlederkörper mit Holzarmen; Zwickel an Hüften und Knien; Zapfengelenke an Schultern, Ellbogen und Handgelenken. (Unsaubere Reparatur an der Hüfte.)*

**O3** *Ganzholzkörper; Zapfengelenke an Schultern, Ellbogen, Hüften und Knien; Flanschgelenk an Taille und in der Mitte der Oberschenkel. (Taille und ein Bein gedreht, um die Beweglichkeit zu zeigen.)*

**P1** *Ganzholzkörper; Zapfengelenke an Schultern, Ellbogen, Handgelenken, Hüften und Knien; Flanschgelenke an Taille und in der Mitte der Oberschenkel. (Taille verdreht, um die Beweglichkeit zu zeigen.)*

**P2** *Ganzlederkörper mit Zwickeln an Ellbogen, Hüften und Knien. Gravierung* B.Jne et C^ie^ *auf einer Seite der Brustplatte und* F. Déposé *auf der anderen. Gravierung* F. *auf der hinteren Oberseite des Kopfes zur Größenangabe.*

**P3** *Ganzholzkörper; Zapfengelenke an Schultern, Ellbogen, Hüften und Knien; Kugelgelenke an den Handgelenken; Flanschgelenke an den Oberarmen und in der Mitte der Oberschenkel; Gravierung* 4 *am Hinterkopf und auf der linken Schulter;* F.G. *Gravierung auf der rechten Schulter.*

**Q1** *Ganzlederkörper mit Unterarmen aus Biskuitporzellan; Ziegenleder-über-Holz-Oberarme; Zwickel an den Hüften; Ziegenleder-über-Holz-Zapfengelenke an den Knien; Zapfengelenke an Ellbogen und Schultern. Etikett auf der Brust:* Lavallée-Peronne, *Gravierung* 4 *auf Kopf und Schulter.*

**Q2** *Ganzlederkörper mit Unterarmen aus Biskuitporzellan; Zwickel an Hüften und Knien; Leder-über-Holz-Zapfengelenke an Schultern und Ellbogen; Einbindekopf; Kopfbefestigung durch einen Draht von der Innenseite der Schädeldecke in den Körper hinunter. Grüner ovaler Rohmer-Stempel auf dem Körper.*

**Q3** *Ganzlederkörper mit Unterarmen aus Biskuitporzellan; Leder-über-Holz-Zapfengelenke an den Schultern; Zwickel an den Hüften; Leder-über-Holz-Kugelgelenke an Ellbogen und Knien; Einbindekopf befestigt wie bei Q2; Löcher mit Metallösen im Torso für Strumpfhalter. Grüner ovaler Rohmer-Stempel auf dem Torso.*

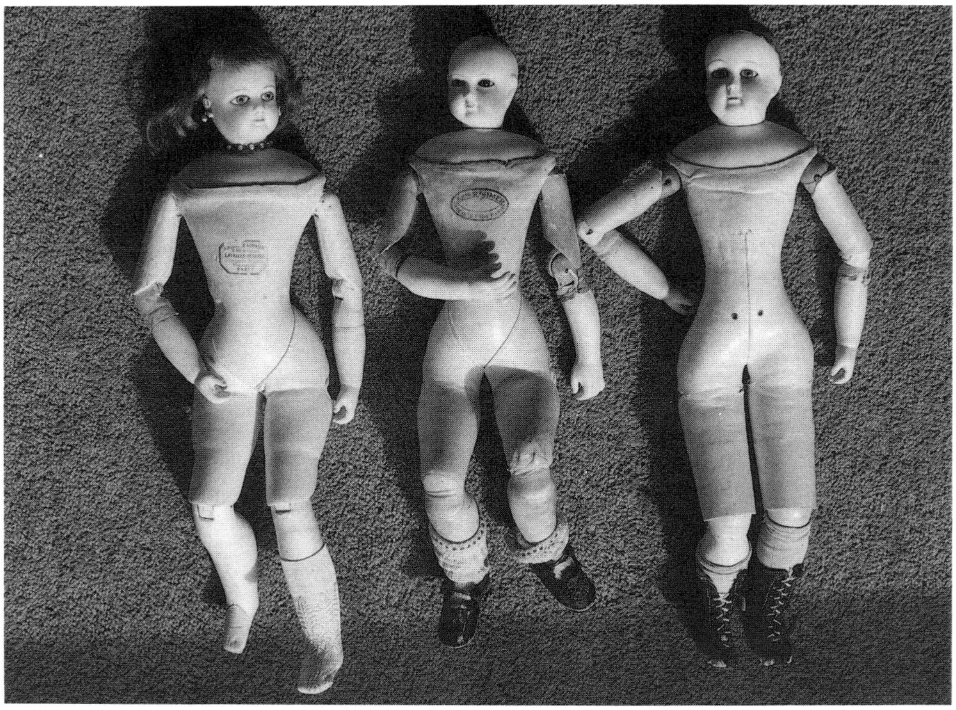

**R1** *Leder-über-Holz-Körper mit Unterarmen aus Biskuitporzellan; Zapfengelenke an Hüften und Knien; Kugelgelenke an den Schultern; Metall- und Holzzapfengelenke an den Ellbogen (Leder zurückgerollt, um das Gelenk zu zeigen).*

**R2** *Guttaperchakörper; Zapfengelenke an Schultern, Ellbogen und Knien; Kurbelkopf; gemalte blaue Augen. Gestempelt auf der Brust:* Médaille d'Argent/Huret/22 Boulvd Montmartre/Paris/ Expon Universelle 1867.

# KAUF UND RESTAURIERUNG VON FRANZÖSISCHEN MODEPUPPEN

## Der Kauf französischer Modepuppen

Alterfahrene Sammler oder andere Experten auf dem Gebiet der antiken Puppen können aus jeder Quelle kaufen, die solche anbietet. Sie werden rasch irgendwelche Mängel oder Fehler einer Puppe entdecken: Haarrisse, verborgene Restaurierungen, falsche Körper oder Körperteile. Und sie werden feststellen können, ob die Kleider noch original sind, oder ob die Puppe gar eine Reproduktion ist, die als ein Original ausgegeben wurde.

Neulinge und unerfahrene Sammler sollten weit vorsichtiger sein, wenn es darum geht, wann und wie sie eine Puppe kaufen. Nur die Zeit und beständiges Untersuchen und Handhaben von Puppen wird sie befähigen, Erfahrung zu sammeln und sich das nötige Selbstvertrauen für ein eigenes Urteil anzueignen.

Es gibt jedoch eine Menge von Wegen, auf denen ein Neuling das Grundwissen auf diesem Gebiet erwerben kann. Treten Sie in einen örtlichen Puppenclub ein, wenn es einen solchen gibt. Reden Sie mit anderen Leuten, die Puppen sammeln. Besuchen Sie Museen mit Puppenausstellungen. Abonnieren Sie Puppenmagazine, die Artikel über alle Arten von antiken Puppen enthalten sowie Termine von „Puppenveranstaltungen". Lesen Sie Bücher über das Thema und — nicht zuletzt — sprechen Sie mit etablierten Puppenhändlern, die Spezialisten auf ihrem Gebiet sind. Wenn Sie sagen, daß Sie ein Neuling sind, werden sie Ihnen in der Regel den besten verfügbaren Rat geben. Und sie sind wahrscheinlich auch die beste Quelle, von der ein Neuling sicher Puppen kaufen kann (siehe Seite 134).

Außer vom Händler kann man antike Puppen von zwei anderen Hauptquellen kaufen: von einem Sammler, der sich von einem Stück seiner Sammlung trennt, und bei einer Versteigerung. Manchmal möchte ein Sammler eine oder mehrere seiner Puppen verkaufen, oft weil er dadurch bestimmte Stücke „aufwerten" will. Das ist völlig in Ordnung, aber dennoch sollten Neulinge gewisse Vorsichtsmaßnahmen ergreifen, wenn sie privat kaufen. Sie sollten bedenken, daß sie „wie gesehen" kaufen, und daß es schwierig werden kann, für später entdeckte Fehler eine Entschädigung zu bekommen.

Um eine solche Situation zu vermeiden, ist es immer ratsam, dem Verkäufer folgende Fragen zu stellen: Ist die Puppe irgendwie restauriert worden? Hat sie irgendwelche Haarrisse? Gehört der Kopf original zum Körper? Diese Fragen gelten nur für Puppen mit Biskuitporzellanköpfen oder Porzellanköpfen. Die Untersuchung von Puppen mit Köpfen aus Holz, Wachs oder Papiermaché ist weit umfangreicher und wird hier nicht behandelt. Zusätzlich zu diesen Fragen sollte der Käufer die Puppe auch selbst untersuchen. Die Perücke sollte abnehmbar sein, um eine ordentliche Überprüfung des Kopfes zu erlauben. In schwierigen Fällen kann sie mit Dampf entfernt werden. Und es sollte ebenfalls möglich sein, den Körper zu inspizieren.

Wenn der Verkäufer keine befriedigenden Antworten auf die obigen Fragen gibt, und wenn die Puppe nicht gründlich untersucht werden kann, wäre es unklug, den vollen geforderten Preis zu zahlen. Viele Sammler schätzen sich glücklich, eine Puppe mit kleineren Fehlern zu kaufen, solange sich dies im Preis niederschlägt. In der Tat wird ein begeisterter Sammler eher als ein Neuling geneigt sein, ein paar Mängel in Kauf zu nehmen, welche nur die natürlichen Risiken eines Puppenlebens reflektieren. Ein gewissenloser Verkäufer jedoch könnte die Fehler verschweigen, wenn er sich von einer Puppe trennt.

Wenn der Preis für eine Puppe sowohl ihre Qualitäten wie ihre Unvollkommenheiten zum Zeitpunkt des Kaufs aufwiegt, müßte der Käufer bei einem späteren Wiederverkauf immer noch einen Gewinn machen. Vorausgesetzt, daß der Wert der Puppen in der Zwischenzeit weiter angestiegen ist.

Antike Puppen können ebenso bei Auktionen erworben werden, und jedes Jahr werden viele solcher Spezialverkäufe veranstaltet. Die Freude, an einer dieser Veranstaltungen teilzunehmen, wird besonders bei Neulingen noch durch die Hoffnung verstärkt, ein „Schnäppchen" zu machen. Traurigerweise erfüllen sich solche Wünsche nur selten.

Einer der Gründe dafür ist, daß der Neuling gegen folgende Unwägbarkeiten antreten muß: *einen anderen Neuling,* der, wie er selbst, glaubt, daß das Gegengebot von einem erfahreneren Sammler stammt und eine gute Einschätzung des Puppenwertes darstellt; ein vom Verkäufer angesetztes *sehr hohes Mindestgebot*, das ein ebenso überraschter wie entzückter Auktionator erhöht, wobei der Neuling plötzlich der einzige Bieter im Publikum sein könnte; *einen Puppenhändler*, der für einen Kunden steigert, und bereit ist, für eine bestimmte Puppe einen hohen Preis zu zahlen; *Puppenhändler überhaupt*, die vom Verkauf von Puppen leben und deshalb nicht zusehen können, wenn eine Puppe erheblich unter Marktpreis verkauft wird.

Neben diesen Risiken sollte ein Neuling auch sorgfältig auf die „Verkaufsbedingungen" des Auktionators schauen, die gewöhnlich im Katalog stehen. Sie sind höchst aufschlußreich. Vornehmlich sind sie besorgt um die Rechte des Auktionshauses. Die Rechte, auf die sich Käufer und Verkäufer berufen könnten, werden eingeschränkt oder vollständig gestrichen.

Drei letzte Fallgruben drohen dem Neuling bei einer Auktion. Erstens: Eine Puppe kann bei der Untersuchung vor der Versteigerung völlig in Ordnung sein, wobei der Auktionator sich nicht eigens dazu äußert. Aber da ist immer das Risiko, daß sie von einer der vielen anderen Personen bei einer Untersuchung beschädigt wird. Zweitens: Der Neuling vergißt manchmal, daß der „Zuschlagspreis" nicht das Käuferaufgeld enthält, und das kann den Preis einer Puppe um zehn Prozent und mehr erhöhen. Drittens: Es ist ganz dem Auktionator überlassen, um wieviel er das einzelne Gebot erhöht. Und er warnt sehr selten mündlich vor seiner Absicht. Ein Beispiel könnte jener Bieter sein, der vorher einen 60-Mark-Sprung mitgehalten hat, einen ähnlichen Anstieg erwartet und plötzlich ohne Warnung hören muß, daß das Gebot um 140 Mark in die Höhe schnellt.

Die andere Hauptquelle für den Kauf antiker Puppen ist, wie erwähnt, ein Händler, der sich auf Puppen und Zubehör spezialisiert hat. Es ist seltsam, daß langjährige erfahrene Sammler gerne bei Händlern kaufen, während Neulinge und weniger erfahrene Sammler oft nach anderen Quellen suchen, gewöhnlich im Glauben, daß sie dort billiger kaufen. Das mag gelegentlich der Fall sein, aber oft ist das Ergebnis enttäuschend.

Der wichtigste Faktor, der einen Sammler beim Kauf von einem Händler schützt ist folgender: Ein Händler weiß, daß er nur dann auf eine weiterführende Geschäftsbeziehung mit dem Sammler rechnen kann, wenn er eine Vertrauensbasis aufbaut. Das ist äußerst wichtig für einen Händler, denn der Neuling von heute kann der begeisterte Sammler von morgen sein. Und nur ein „schlechter Handel" würde diese Aussicht zerstören.

Der angesehene Händler mit genügend Kenntnis von der Materie kann außerdem wertvolle Ratschläge auf dem Gebiet geben, für das sich der Sammler speziell interessiert. Er wird zudem in der Regel alle Fehler einer Puppe ehrlich aufzählen, und diese sollten sich im Preis niederschlagen.

Die Vorstellung wäre einfältig, daß ein Sammler beim Händler einen echten Gelegenheitskauf erwarten darf. Was er erwarten darf ist eine antike Puppe zum aktuellen Marktpreis, der den Gesamtzustand in Rechnung stellt. Dies scheint die Geschäftsauffassung der Mehrheit der Händler zu sein. Und wenn es in der Vergangenheit auch bedauerliche Abweichungen gegeben hat, so wurden diese doch in der Regel aufgespürt und die Betroffenen haben entsprechend darunter gelitten.

## Das Restaurieren französischer Modepuppen

Sehr wenige antike Puppen haben überhaupt keine Gebrauchsspuren. Sie wurden ja als Kinderspielzeug produziert und waren oft jahrelang robuster Behandlung ausgesetzt, ehe sie preisgekrönte Stücke in wertvollen Sammlungen wurden. Jede Entscheidung jedoch, eine solche Puppe zu restaurieren oder zu reparieren, sollte sehr gründlich überlegt werden, ehe man an die Arbeit geht. Es ist traurig aber wahr, daß

Puppen mit geringfügigen Schäden nach der „Restaurierung“ durch begeisterte Amateure schlechter ausgesehen haben als zuvor.

Drei wichtige Fragen sollte man sich immer stellen, ehe man mit der Restaurierung einer antiken Puppe beginnt: Betrifft die vorgesehene Arbeit einen Mangel, der schlimmer wird, wenn nichts geschieht? Hat der Mangel wirklich einen Einfluß auf das Erscheinungsbild der Puppe? Kann die Arbeit auch von der Person, die sie machen will, ausgeführt werden? Ist die Antwort auf die ersten beiden Fragen „nein“, ist auch die Notwendigkeit einer Reparatur oder Restaurierung zweifelhaft. Bei einem „nein“ auf die letzte Frage sollte fachlicher Rat eingeholt werden.

Es gibt jedoch Sammler, die sich fähig und entschlossen fühlen, eine Puppe zu verbessern. Und es gibt ein paar einfachere Reparaturen, die man sicher ausführen kann.

Die schönsten französischen Modepuppen, die während der zweiten Hälfte des 19. Jahrhunderts produziert wurden, hatten Biskuitporzellanköpfe und in einigen Fällen auch Unterarme und Unterschenkel aus diesem Material. Nur ein wirklicher Experte kann Reparaturen an Biskuitporzellan ausführen, und diese sollten auch nur dann in Betracht gezogen werden, wenn der Schaden so substantiell ist, daß er die Puppe wertlos macht. Dies kann besonders beim Kopf der Fall sein. Man muß außerdem daran denken, daß eine Arbeit dieser Art selten vollständig verdeckt werden kann. Das Auge des Experten, oft unterstützt von einer ultravioletten Lampe, wird gewöhnlich solche Reparaturen aufspüren. Trotz allem, ein reparierter Kopf ist ganz bestimmt besser als überhaupt keiner.

Biskuitporzellanköpfe können Haarrisse bekommen, die man bei oberflächlicher Inspektion kaum erkennen kann. Man sollte nur dann eine Puppe kaufen, wenn der Verkäufer bereit ist, die Perücke abzunehmen, um eine volle Untersuchung des Kopfes zu erlauben. Puppen mit Biskuitporzellanköpfen haben oft Haarrisse, und es ist möglich, daß viele dieser Risse schon vom Zeitpunkt der Herstellung an existierten. Aber das ist nicht immer so. Wenn man daher einen frischen Riß entdeckt, sollte man vorsorglich innen auf die Endpunkte einen Tropfen Epoxydharz auftragen. Normalerweise kann man so ein Ausweiten des Haarrisses stoppen.

Die meisten Modepuppen wurden mit einem Lederkörper produziert, eine kleinere Anzahl hat Körper aus Holz, Guttapercha und Metall. Jede Reparatur an einem Metallkörper sollte man am besten einem qualifizierten Handwerker überlassen, obwohl auch einige begabtere Amateure fähig zu dieser Arbeit sein können. Aber einige Mängel und Fehler in einem Lederkörper liegen durchaus in der Reichweite eines durchschnittlichen Bastlers.

Das erste Problem beim Arbeiten am Körper einer Modepuppe ist der Zugang zur beschädigten Stelle. Wenn es sich um ein Bein oder einen Arm oder sogar den unteren Torso handelt, ist das kaum ein Problem. Aber wenn es um irgendeinen anderen Teil geht, muß das Kleid ausgezogen werden. Und wenn das Kleid sowohl original wie kompliziert ist, muß man es sehr vorsichtig behandeln. Gelegentlich sind Kleider aufgenäht. In diesem Fall wird es fast unmöglich sein, an die beschädigte Stelle heranzukommen. Es mag sein, daß das Kleid schon im frühen Puppenleben aufgenäht wurde, aber es gab auch Fälle, wo dies später geschah, um eine Untersuchung des fehlerhaften Körpers zu verhindern.

Es ist von äußerster Wichtigkeit, daß der Kopf sorgfältig geschützt wird, während man am Körper der Puppe arbeitet. Deshalb sollte man ihn sofort nach dem Auskleiden der Puppe einwickeln, ehe man mit der Arbeit beginnt. Und man sollte ihn eingewickelt lassen, bis die Arbeit beendet ist.

Wenn man sich daran erinnert, daß die Mehrzahl der Körper von Modepuppen mehr als hundert Jahre alt ist, überrascht es einen kaum noch, daß das Körpermaterial schlechter wird. Es ist oft trocken und steif geworden. Das Füllmaterial, ob nun Sägemehl, Korkmehl oder Pferdehaar, ist zu einer festen Masse zusammengebacken. Darüberhinaus hat die Puppe in all den Jahren als Ausstellungsstück oft eine unvorteilhafte zusammengekauerte Stellung innegehabt.

Durch den sorgfältigen Gebrauch von Spezialfett und Lederweicher ist es jedoch oft möglich, dem Leder ein gewisses Maß an Geschmeidigkeit zurückzugeben. Folgen Sie den Anweisungen auf der Dose, tragen Sie das Fett mit einem Schwamm auf, und reiben Sie es in den ganzen unteren Teil der Puppe, wobei Sie besonders auf Front- und Rückseite der Zwickelgelenke an Knien und Hüften achten. Nach ein paar Stunden kann die Behandlung wiederholt werden. Man wird feststellen, daß das Leder wieder viel von seiner ursprünglichen Elastizität zurückgewinnt.

Beim Verbessern der Haltung der Puppe sollte man nur jeweils an einem Gelenk „arbeiten“. Biegen Sie das Glied mit sanftem Druck gerade, während Sie gleichzeitig mit beiden Händen gegen den Zwickel drücken. Der Druck muß wohldosiert sein, denn ein sorgloses Vorgehen kann mit einer aufgeplatzten Naht oder zerrissenem Leder enden. Denken Sie daran: Sinn der Übung ist es, die Haltung der Puppe zu *verbessern*. Bei sorgfältigem Vorgehen kann man erfolgreich sein, und oft kommt es zu einer dramatischen Verbesserung. Aber gehen Sie immer sanft vor und hören Sie rechtzeitig auf. Es ist fast unmöglich, den Körper wieder so aufzurichten, wie am ersten Tag. Nachdem man sorgfältig jedes Gelenk bewegt hat, sollte man den Körper auf den Rücken und ein Schutzpolster darüber legen. Jetzt plaziert man ein Gewicht, zum Beispiel ein Buch, auf das Polster und läßt die Puppe so ein paar Tage lang in ihrer neuen Position.

Das Fett stellt nicht nur die Geschmeidigkeit des Leders wieder her, es reinigt auch. Es wird zwar der Oberfläche nicht wieder ihren ursprünglichen, unverdorbenen Zustand geben können, aber es wird in der Regel das meiste von dem eingefressenen Schmutz entfernen.

Schäden an Lederkörpern treten oft auch durch einen geplatzten Saum auf. Man sollte rasch das Ausmaß des Schadens eingrenzen. Es ist nicht sinnvoll, den Saum wieder zuzunähen, denn als dies zum ersten Mal geschah, wurde der Körper vor dem Polstern von innen nach außen gestülpt. Wenn der Schaden noch rechtzeitig bemerkt wird, streicht man am einfachsten ein bißchen Klebstoff am Saum entlang und ein bißchen über die Bruchstelle hinaus.

Nur wenn ein Loch im Leder ist, sollte das Anbringen eines Flickens erwogen werden. Wenn die Größe des Loches einen Flicken nötig macht, nehmen Sie dazu einen alten cremefarbenen Ziegenlederhandschuh. Schneiden Sie das Loch nicht zu, sondern verwenden Sie ein Stäbchen, um Watte hineinzustopfen, damit nicht weiteres Füllmaterial herauskommt. Der Flicken sollte etwas größer sein als das Loch und daruntergesteckt werden, damit er flach liegt. Befestigen Sie den Flicken mit Klebstoff an der Unterseite des Lochs. Das Loch sollte nicht zugeschnitten werden, da dadurch nur unnötig Material verloren geht. Wenn die Reparatur beendet ist, stellt man oft fest, daß das zerrissene Körperleder so angeklebt werden kann, daß es fast völlig den Flicken darunter verdeckt.

Ausgestopfte Lederkörper wurden oft gestützt durch ein inneres Drahtskelett, und gelegentlich drückt ein scharfes Ende durch und sticht aus dem Leder hervor. Manchmal kann es zurückgedrückt und mit ein wenig Watte abgepolstert werden. Das hält den Draht an Ort und Stelle und das Loch wird mit Klebstoff versiegelt. Wenn sich der Draht nicht zurückstecken läßt, sollte man ihn noch ein bißchen weiter herausziehen und mit einer Drahtschere abschneiden, ehe man das Loch in der oben angeführten Weise repariert.

Der Aspekt, der die Sammler von Modepuppen am meisten anzieht, sind die schönen Kleider, die sie tragen. Aber wenn eine solche Robe „original“ und über hundert Jahre alt ist, hat sie selten die Zeiten völlig heil überdauert. Anders als moderne Kleider wurden solche Kostüme ausschließlich aus Naturfasern hergestellt, und sie sind teilweise wenig widerstandsfähig gegenüber den natürlichen Risiken. Extreme Temperaturen und Feuchtigkeit, starkes Licht und der Appetit der Motten und ähnlicher Kreaturen zählen zu diesen Risiken. Und während der Jahre setzt sich Staub in den Kleidern fest und macht sie steif und brüchig.

Es ist schade, daß in der Vergangenheit viele Sammler abgetragene und beschädigte Originalkleider durch etwas Ähnliches aus modernem Material ersetzt haben. Glücklicherweise ist diese Praxis heute weitgehend verschwunden. Und wenn es schon keine Alternative zur Neueinkleidung gibt, sollte man sich wenigstens um passende Stoffe aus einer vergangenen Epoche bemühen. Auch wenn die Entscheidung gefallen ist, die Puppe neu einzukleiden, sollte man dennoch das Originalkleid besser nicht wegwerfen. In einem durchsichtigen Umschlag bleibt es eine interessante historische Urkunde — für den gegenwärtigen und irgendwelche künftigen Besitzer der Puppe.

Die direkten Möglichkeiten, das Aussehen eines original Modekleides zu verbessern, sind begrenzt. Ziehen Sie das Kleid nur dann aus, wenn dadurch nicht noch mehr beschädigt wird. Es ist ratsam, nur Kleidungsstücke aus Baumwolle zu waschen. Viele Sammler wollen angeblich erfolgreich komplette Bekleidungen gewaschen und gereinigt haben. Aber die Risiken sind hoch und müßten von jedem erkannt und akzeptiert werden, der dasselbe tun wollte. Es ist ganz bestimmt nicht empfehlenswert.

Ein englisches Museum behandelt alte Kleidungsstücke folgendermaßen: Das Kleid wird flach ausgelegt und mit einem Musselinnetz bedeckt, das auf einen Rahmen gespannt ist. Ein elektrischer Handreiniger wird dann sanft über die ganze Oberfläche geführt. Die Behandlung wird für die andere Seite des Kleides wiederholt. Wenn dies möglich ist, ohne das Material zu gefährden, wird das Kleid von innen nach außen gewendet und die Prozedur wiederholt. Wenn man auch nicht erwarten kann, daß dies den Glanz der Farben wesentlich verbessert, so scheint es doch ein sicherer Weg zu sein, den Oberflächenstaub und -schmutz wie auch Eier oder Larven zu entfernen, die im Stoff auf der Lauer liegen könnten.

Ehe man den Versuch macht, eine aufgesprungene Naht oder einen Riß wieder zuzunähen, sollte der Zustand des Stoffes gründlich untersucht werden. Es ist gelegentlich möglich, den Stoff zu stopfen, aber wenn das Material zu brüchig geworden ist, wird der Druck des angezogenen Fadens nur weiteren Schaden verursachen.

Wie bei Reparaturen am Körper sollte auch bei allen Anstrengungen zur Verbesserung des Zustandes der originalen Garderobe einer antiken Puppe Vorsicht am Platze sein. Es ist weitaus besser, solche Arbeiten auf Mängel zu beschränken, die man nicht übersehen kann und die Fähigkeiten erfordern, die im Bereich der ausführenden Person liegen.

Gelegentlich könnte dem Sammler eine Modepuppe ohne bemerkenswerte Kleider angeboten werden, wobei der Preis diesem Zustand angemessen sein sollte. Die Chancen jedoch, daß der neue Besitzer ein echtes antikes Kleid dazu findet, passend in Qualität, Größe und Stil, sind außerordentlich gering. Jemand mit Talent fürs Nähen kann viel Freude und Befriedigung darin finden, der Puppe eine komplette Garderobe zu schneidern. Allen Versuchungen jedoch, moderne Stoffe zu benutzen, sollte man hartnäckig widerstehen. Für die Wahl der Stoffe und Muster kann man auf die vielen Büchern über Damenmoden des 19. Jahrhunderts zurückgreifen, die man immer noch in Bücherantiquariaten findet. In ein paar Läden, die auch ein breites Angebot an Puppenzubehör führen, werden Schnittmuster angeboten. Diese sollten jedoch nur als genereller Anhaltspunkt benutzt werden. Sie müssen umgesetzt werden, um auf die jeweilige Puppe zu passen.

Ein letzter Vorschlag, der helfen wird, das Leben einer Modepuppe und besonders ihrer wunderbaren Kleider zu verlängern, ist der, die Puppe nur in einem passenden Glaskasten oder unter einem Glassturz auszustellen, abseits vom direkten Licht. Kunstlicht innerhalb des Ausstellungsbereichs sollte nie für einen längeren Zeitraum angeschaltet bleiben. Schließen Sie ein Duftkissen oder einen Streifen mit einem Insektenmittel mit der Puppe ein und schaffen Sie so eine Umgebung, welche diese für die Zukunft erhält.

# ANHANG
# UNTERWÄSCHE DES 19. JAHRHUNDERTS

Die Unterwäsche der französischen Modepuppen ist in der Regel eine getreuliche Miniaturkopie derjenigen, die von modischen Frauen und Mädchen getragen wurde, hergestellt aus denselben Materialien und im selben Stil. Dabei gab es tatsächlich nur wenige Unterschiede im Schnitt der Frauen- und Mädchenunterwäsche, obwohl letztere gewöhnlich aus einfacheren und festeren Materialien gemacht war. Weder die Spannbreite noch die Typen der Kleidungsstücke änderten sich zwischen 1860 und 1890 viel. Und das trotz des beträchtlichen Stilwechsels, als der enggeschnittene Rock von einem weiten, vollen verdrängt wurde.

Tuch, wie dicht gewobene Baumwolle, oder ziemlich feiner Cambric, ein dichtgewebter Baumwollbatist, waren das übliche Material für alltägliche Unterwäsche während feinere Baumwolle oder Leinenbatist bei etwas förmlicheren Gelegenheiten getragen wurden. Das dickere, schwerer zu waschende und teurere Leinen wurde weniger oft benutzt. Die Materialien des Besatzes waren gewöhnlich selbstgefärbt und dezent: Bei der Alltagsunterwäsche waren Borten oder Einsätze aus gediegener Stickerei üblich, während Spitze bei feineren Materialien verwendet wurde. Durch die Borten gefädelte Seidenbänder sorgten für Farbe und erlaubten es, die Kleidung in Form zu bringen. Ein Großteil der Unterwäsche wurde mit Maschinen gemacht, aber die feinste war Handarbeit.

Eine Unterwäschegarnitur bestand gewöhnlich aus einem Hemd, das unter dem Korsett getragen wurde, aus einer Unterhose, die sowohl über dem Hemd wie über dem Korsett getragen wurde, sowie einem oder mehreren Petticoats. Die Hemden waren normalerweise knielang und gerade geschnitten. Die Fülle wurde hinten am Hals in hübschen Falten zu einer Passe angereiht oder arrangiert. Die höher geschnittenen für den täglichen Gebrauch hatten gewöhnlich oben in der Mitte eine kurze Knopfleiste. Die tiefer geschnittenen Hemden für Abendkleider hatten manchmal einen Knopf an der Schulter, damit der Halsrand passend für ein dekolletiertes Kleid arrangiert werden konnte. Die Knöpfe waren waschbar — entweder mit Baumwolle bezogen oder aus Porzellan, das Perlen imitierte. Die gerade eingesetzten Ärmel waren sehr kurz.

Das Hemd wurde beim Tragen in die Unterhosen gesteckt. In den 60er Jahren des 19. Jahrhunderts reichten diese von der Taille bis zum Knie, aber in den 80ern wurden sie länger — bis zur Wadenmitte — und von engerem Schnitt. Sie hatten vorn einen dreieckigen Bund mit einem Hohlsaum, durch den Bänder liefen, mit denen wiederum hinten der Sitz reguliert wurde. Die Beine waren einzeln geschnitten, und beim Tragen überlappten sie durch die Fülle des Materials vorn und hinten und verbargen so den offenen Schritt und das Fehlen eines geschlossenen Zwickels. Erst als sich in den 80er Jahren die Hygienebedingungen zu verbessern begannen, und der aktive Sport beliebter wurde, führte man Schlüpfer mit geschlossenem Schritt und einem Zwickel ein. Gleichzeitig wurden Kombinationen — Hemdenoberteil und Unterhose aus einem Stück — zunehmend beliebt, da sie der Taille eine fließende Linie gaben, die besser zum untaillierten Prinzeßschnitt paßte.

Petticoats, die üblicherweise halb waren, hatten einen Bund und Schnürbänder, die denen an den Unterhosen ähnelten. Sie wurden den Formen der Röcke angepaßt: In den 60er Jahren des 19. Jahrhunderts beispielsweise, wo Fülle rundum gefragt war, in der Taille gerafft, während gegen Ende des Jahrzehnts dann Zwickeleinsätze für eine glattere Linie sorgten. Falten über dem Saum und ein Besatz rundum gaben dem Rock zusätzliche Stütze. Maschinelles Plissieren war bereits in den Sechzigern bekannt und wurde immer populärer, je weiter das Jahrzehnt fortschritt. Während des ganzen Jahrzehnts wurden Flanell-Petticoats als zusätzliche Wärmehüllen gebraucht. Aber sehr wahrscheinlich stammen die meisten, die von Puppen getragen werden und mit muschelförmigen Rändern und Fischgrät-Stickerei verziert sind, aus dem späten 19. Jahrhundert. Einige Petticoats hatten angenähte Oberteile. Die meisten von ihnen waren für Kinder bestimmt, aber sie wurden auch zu halbtransparenten Kleidern von Erwachsenen getragen — als Alternative zur engen, vorn geschlossenen, hüftlangen Untertaille oder zum Korsett.

Die Hauptausnahmen bei der präzisen Verkleinerung der Unterwäschenmoden waren bei den Mode-

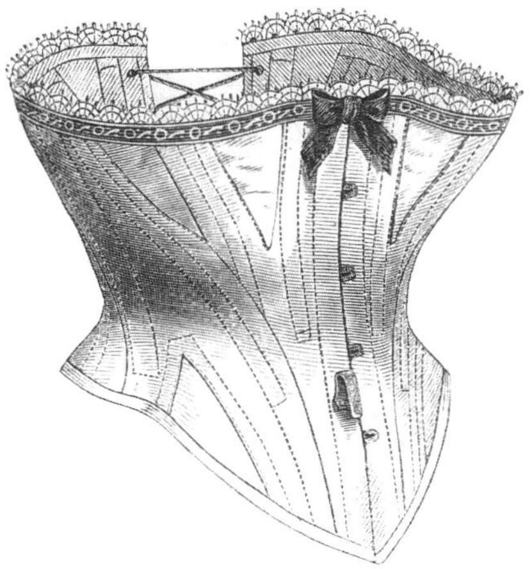
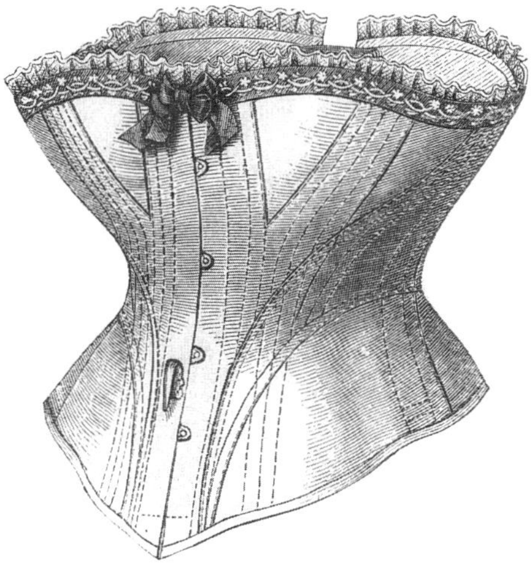

puppen viele der Korsetts. Mieder in Originalgröße wurden aus demselben Material gemacht und in ähnlicher Weise mit Stäben und Ösen versehen. Aber anders als bei den Miniaturen wurden diese Korsetts immer mit keilförmigen Einsätzen an Büste und Hüften dem Körper angepaßt. Sie schlossen außerdem vorne mit einer Korsettstange (Versteifung), während die hintere Verschnürung hauptsächlich zur Regulierung der Größe gebraucht wurde. Die Diskrepanz ist interessant, da die Korsetts an Puppen aus dem 18. und frühen 19. Jahrhundert viel genauere Kopien der originalen Kleidungsstücke sind.

M. B. Ginsburg

# FACHBEGRIFFE

**Angesetzte Ohren:** Ohren, die in einer getrennten Form gemacht und vor dem ersten Brennen des Biskuitporzellans am Kopf der Puppe angesetzt wurden.

**Automat:** Eine Figur oder ein Spielzeug, das durch einen mechanischen Antrieb bewegt wird.

**Baptême:** Ein Puppentyp, den sich 1865 Felix Egrefeuil patentieren ließ und in seinem Papptorso Dragées (Zuckermandeln) enthält.

**Bébé:** Eine Puppe mit den Proportionen eines kleinen Kindes und einem kürzeren, dickeren Körper als eine Damenpuppe.

**Beweglich:** Dieser Begriff beschreibt eine Puppe mit Gelenken, deren Glieder bewegt werden können.

**Biskuitporzellan:** Ein keramisches Material, das in eine Form gegossen oder gepreßt werden kann, ehe es unter hohen Temperaturen gebrannt wird. Gewöhnlich wird es bemalt, ehe es bei geringeren Temperaturen weiter gebrannt wird. Es hat eine unglasierte, matte Oberfläche.

**Breveté (französisch):** Patentiert; **breveté** ist ein männlicher Patentinhaber, **brevetée** ein weiblicher.

**Charakterpuppen:** Puppen mit ungewöhnlichen Gesichtern, manchmal Porträtgesichtern, wie sie gewöhnlich bei Modepuppen nicht zu finden sind.

**Composition:** Mit diesem Namen werden eine ganze Anzahl von Substanzen bezeichnet (inklusive Pappmaché), aus denen Puppenkörper gemacht werden. Gewöhnlich war es ein Holzbrei mit einem Klebemittel.

**D.E.P. oder Déposé:** Buchstaben, die auf der Brustplatte oder dem Kopf einer Puppe im Biskuitporzellan eingraviert wurden um anzuzeigen, daß das Warenzeichen oder Patent des Herstellers registriert war.

**Eingravierte Markierungen:** Markierungen, gewöhnlich Nummern oder Buchstaben, die in das Biskuitporzellan eines Puppenkopfes oder einer Brustplatte eingraviert sind, manchmal in beides. Köpfe und Brustplatten aus Biskuitporzellan wurden üblicherweise von der Herstellerfirma markiert. Nur große Puppenhersteller konnten sich eine eigene Produktion leisten und damit aber auch Puppenköpfe, die einzigartig waren.

**Feststehender Kopf:** Brustplatte und Kopf sind aus einem Stück, ohne ein Gelenk dazwischen.

**Flanschgelenk:** Ein Gelenk aus zwei flachen Oberflächen, die durch einen vorstehenden Rand und eine Schnur oder einen Stift in der Mitte zusammengehalten werden.

**Guttapercha:** Eine zähe, gräulich-schwarze Masse, die aus dem Milchsaft von Bäumen in Malaysia gewonnen wird. Es ist eine Art Gummi, der aber mit der Zeit brüchig werden kann. Guttapercha wurde in den 80er Jahren zur Herstellung von Puppenkörpern und -köpfen verwendet.

**Intaglio-Augen:** Gemalte Augen, in welche die Details von Iris und Pupille eingraviert wurden.

**Mandelförmige Augen:** Mit diesem Begriff wird eine Puppe beschrieben, in deren Kopf mandelförmige Löcher zum Einsetzen von Augen geschnitten sind.

**Mannikin (oder manikin):** Eine Puppenfigur zur Vorführung eines Kostüms; ebenso eine Gliederpuppe für Künstler.

**Pandora:** Ein Mannikin oder eine Puppe, gewöhnlich nicht größer als 90 cm, zur Vorführung von Kostümen.

**Papiermaché oder Pappmaché:** Ein Papierbrei, kombiniert mit Bleichmittel und einem passenden Klebstoff, der im frühen 19. Jahrhundert zur Herstellung von Puppenköpfen und Puppenkörpern gebraucht wurde. Gegen Ende des 19. Jahrhunderts wurde eine neue Art Papiermaché entwickelt, die man nicht mehr in die Form pressen mußte, sondern gießen konnte. Sie war kräftiger und dauerhafter als die frühere Mischung.

**Parisienne:** Ein anderer Name für Modepuppe, der zuerst von Emile Jumeau gebraucht wurde, um die Modepuppen mit Biskuitporzellanköpfen aus seiner Produktion zu beschreiben. Das Wort wird von einigen Sammlern anstelle des Begriffs „Modepuppe" gebraucht.

**Porzellankopf:** Ein Kopf aus glasiertem Porzellan, einem keramischen Material, das weithin für Puppenköpfe gebraucht wurde, ehe es in der zweiten Hälfte des 19. Jahrhunderts vom Biskuitporzellan verdrängt wurde.

**Schulterkopf:** Die Kopfbefestigung einer Puppe, wenn Kopf und Schultern in einem Stück gegossen sind.

**Skelett:** Das innere Gerüst aus Draht, Metall oder Holz, das dazu hilft, der Puppe Halt zu geben.

**Vorgebranntes Biskuitporzellan:** Nach dem ersten, aber vor dem zweiten Brennen wurden die Farbtöne auf dem Puppenkopf aufgetragen. Das zweite Brennen bei einer niedrigeren Temperatur bestimmte die Farbe.

**Zwickel:** Ein dreieckiges Materialstück, das zur Ausweitung oder Verstärkung in ein anderes Stoff- oder Lederstück eingesetzt wird.

**Zwickelkörper:** Ein Leder- oder Stoffkörper mit Einsätzen an einigen oder allen Gelenken — Schultern, Ellbogen, Handgelenken, Hüften, Knien, Fußgelenken —, die Bewegung erlauben.

# REGISTER

Kursive Seitenangaben verweisen auf Abbildungen.

# IM SELBEN VERLAG SIND ERSCHIENEN:

*Joachim F. Richter*
**Künstlerpuppen**
*Werkbuch und Dokumentation zeitgenössischer Puppenmacher*
144 S., 4farbig, 23 × 29,5 cm, Pappband mit Schutzumschlag Dm 68,—

Eine Präsentation der bedeutendsten Puppenmacher unserer Tage und ihrer schönsten Kreationen. Nicht nur ein exquisiter Bildband, sondern auch ein Werkbuch, da die Künstler ihr Knowhow verraten!

*Lydia und Joachim F. Richter*
**Bru-Puppen**
*Die Nobelmarke der Porzellankopfpuppen*
104 S., 100 Abbildungen, 4farbig, 23 × 29,5 cm, Leinen mit Schutzumschlag, DM 68,—

Bru-Puppen sind seltene und kostbare Puppengeschöpfe – hier werden alle bekannten Typen des Hauses Bru vorgestellt. Anatomische Details und Abdrucke von Patenten ergeben ein komplettes Bild.

*Lydia und Joachim F. Richter*
**PuppenRaritäten**
*Modepuppen, Puppenautomaten, Kuriositäten, Exklusivpuppen*
112 S., 133 Abbildungen, 4farbig, 16 × 22,5 cm, Efalin, Pappband, DM 38,—

Das sorgfältig ausgewählte und kaum bekannte Bildmaterial wird von gründlich recherierten historischen Texten begleitet. Somit hat der Sammler einen nach seinen Kriterien zusammengestellten Führer in die Welt seltener Puppenschöpfungen.

*Lydia Richter*
**Geliebte Käthe-Kruse-Puppen**
*— gestern und heute —*
112 S., 147 teils farbige Abb., 15,5 × 22 cm, Broschur, DM 24,80

Neben der Geschichte der Puppenmutter selbst und ihrer Geschöpfe bietet das Buch dem Sammler alles Wissen, das ihn vor Fehleinkäufen schützt und ihm hilft, seine Kruse-Sammlung nach den richtigen Kriterien aufzubauen.

*Peggy und Alan Bialoski*
**Teddybären sammeln**
*Ein Katalog und Preisführer*
224 S., 229 Abb., 16 × 22,5 cm, Broschur, DM 29,80

Ein erschöpfender Überblick über die Typenvielfalt der Teddybären, ein willkommenes Nachschlagewerk und Schmökerbuch für Freunde und Sammler, zusätzlich ein Stück Kulturgeschichte dieses geliebten Spieltiers.

*Angelika Lipinski*
**Zelluloid-Puppen sammeln**
*Ein Katalog und Preisführer*
160 S., 274 teils farbige Abb., 16 × 22,5 cm, Broschur, DM 29,80

Ein kompetentes Fachbuch, das dem Sammler einen brauchbaren Leitfaden zum Sammeln gibt. Das Buch hilft, Puppen zu datieren sowie Markt, Preisangebot und Qualität richtig einzuschätzen.

*Elke Gottschalk*
**Geliebte Steiff-Tiere**
*Teddybären, Stofftiere, Puppen*
112 S., 119 Abb., 15,5 × 22 cm, gebunden, DM 35,—

Dieses Buch war längst überfällig: Endlich liegt eine erschöpfende Auskunft zu dem beliebten Sammelgebiet vor, farbig, historisch und mit viel Liebe zum Detail in Szene gesetzt!

**Das Käthe Kruse Bilderbuch**
*Text: Max Jungnickel*
52 S., 12 Abb., 27,5 × 24 cm, gebunden, DM 29,80

Reprint eines historischen Kinderbuches – nicht nur ein Buch, in dem Kinder ihre Puppenwelt wiederfinden, sondern auch ein Buch für Sammler von Puppen und Bilderbüchern.

*Rosemarie Vogelsang*
**Käthe Kruse Bilderbuch – Band 2**
52 S., 12 Abb., 27,5 × 24 cm, gebunden, DM 29,80

Ein Puppenbuch, das Kinder und Sammler von Käthe-Kruse-Puppen gleichermaßen erfreut. Ein einfühlsamer Text begleitet die Szenen.

*Postkartenbuch 2*
**Käthe Kruse**
70 S., 31 Abbildungen, 4farbig, 11,4 × 16,2 cm, Pb., DM 24,80

In reizenden Arrangements werden hier die schönsten und wichtigsten Käthe-Kruse-Schöpfungen vorgestellt. Jedes Blatt aus Karton – eine Postkarte.